Rogério de Simone e Fábio C. Pagotto

Clássicos do Brasil

MONZA

Copyright © 2016 Alaúde Editorial Ltda.

Todos os direitos reservados. Nenhuma parte desta edição pode ser utilizada ou reproduzida – em qualquer meio ou forma, seja mecânico ou eletrônico –, nem apropriada ou estocada em sistema de banco de dados sem a expressa autorização da editora.

O texto deste livro foi fixado conforme o acordo ortográfico vigente no Brasil desde 1º de janeiro de 2009.

PRODUÇÃO EDITORIAL:
Editora Alaúde

PREPARAÇÃO:
Gustavo Garde

REVISÃO:
Julio de Mattos e Bárbara Parente

IMAGEM DE CAPA:
Cesar Godoy

IMPRESSÃO E ACABAMENTO:
RR Donnelley

1ª edição, 2016
Impresso no Brasil

Dados Internacionais de Catalogação na Publicação (CIP)
(Câmara Brasileira do Livro, SP, Brasil)

Simone, Rogério de
   Monza / Rogério de Simone e Fábio C. Pagotto. -- São Paulo : Alaúde Editorial, 2016. -- (Coleção clássicos do Brasil)

   Bibliografia.
   ISBN 978-85-7881-365-9

   1. Automobilismo - História 2. Monza (Automóveis) 3. Monza (Automóveis) - História I. de Simone, Rogério. II. Título. III. Série.

16-03711 CDD-629.22209

Índices para catálogo sistemático:
1. Monza : Automóveis : Tecnologia : História 629.22209

2016
Alaúde Editorial Ltda.
Avenida Paulista, 1337
conjunto 11, Bela Vista
São Paulo, SP, 01311-200
Tel.: (11) 5572-9474
www.alaude.com.br

Compartilhe a sua opinião
sobre este livro usando a hashtag
#ClássicosDoBrasil
#ClássicosDoBrasilMonza
nas nossas redes sociais:

/EditoraAlaude
/EditoraAlaude
/AlaudeEditora

SUMÁRIO

CAPÍTULO 1 – A origem 5
CAPÍTULO 2 – A evolução dos modelos 47
CAPÍTULO 3 – Curiosidades 99
CAPÍTULO 4 – Dados técnicos 107
Fontes de consulta 110
Crédito das imagens... 111

CAPÍTULO 1

A ORIGEM

A HISTÓRIA DA GM NO BRASIL

A história da gigante norte-americana se inicia no Brasil em 1925, com o nascimento da GMB (General Motors do Brasil). O país foi o primeiro a ter uma filial da GM na América do Sul, após uma análise segura e precisa por parte dos dirigentes da empresa. Motivos não faltavam: na época, o Brasil era o país mais populoso do continente, com 34 milhões de habitantes, e tinha orgulho de ser uma das economias que mais cresciam no mundo, com taxa anual superior a 4%.

Outro ponto positivo era que o Estado de São Paulo, com 700.000 habitantes na época, já dava passos largos para se tornar o primeiro polo industrial brasileiro. Havia um grande esforço do então governador paulista (e futuro presidente da república) Washington Luiz em trazer progresso para a cidade. Além disso, ele também sabia que a construção de estradas baratearia os custos de transporte, por aproximar os locais de produção aos centros de consumo.

A escolha pelo bairro paulista do Ipiranga para a instalação da linha de montagem também foi estratégica. Após reformar um conjunto de galpões vazios, anteriormente utilizados para armazenagem de algodão, o espaço foi facilmente transformado em uma ampla linha de montagem, ainda com bom espaço para os escritórios. Além disso, este bairro, formado às margens do rio Tamanduateí e da ferrovia Santos-Jundiaí, era um ponto importante para empresas que necessitavam transportar os maquinários para a construção de suas fábricas.

Assim, a futura fábrica da GM poderia contar com a ainda pequena, mas crescente, infraestrutura existente no "parque industrial" do bairro do Ipiranga, suficiente pelo menos para o primeiro estágio do empreendimento. Outra questão importante que pesou na decisão da empresa em fincar raízes no Brasil foi o fato de a sua maior concorrente na época, a Ford Motor Company, estar instalada por aqui desde 1919. Localizada na Rua Florêncio de Abreu, em São Paulo, a companhia já fazia sucesso com a venda de seus produtos, principalmente o lendário Ford

A origem

modelo T, montados no próprio país. "Se a Ford vende bem no Brasil, então vamos também para lá", pensaram os dirigentes da corporação. Dessa forma, em 1925 o Brasil teria a rivalidade entre Ford e Chevrolet, já tradicional nos Estados Unidos, e que dura até os dias de hoje.

A atividade inicial da General Motors se concentrava apenas na montagem dos veículos, iguais aos vendidos nos Estados Unidos, em um processo conhecido como CKD (*completely knocked down*, ou seja, "completamente desmontado"). Nove meses após sua chegada ao Brasil, em setembro de 1925, o primeiro veículo, um pequeno furgão, saía da linha de montagem. O fato foi muito comemorado pela diretoria e pelos operários.

Ainda com a capacidade inicial de produção pequena, com apenas 25 carros por dia, desde o início a empresa teve a preocupação de distribuí-los, na medida do possível, em todo o território nacional. Para isso, foram inauguradas as primeiras concessionárias GM no Brasil, com a missão bem clara de "incomodar" a rival Ford. Potencial para isso não faltava, já que a GM oferecia bons produtos e uma grande variedade de modelos, desde os mais simples até os mais luxuosos. Por outro lado, todos sabiam que essa tarefa não seria tão fácil, já que no final do ano a rival Ford divulgaria seu balanço de vendas, com a comercialização de 25.500 veículos em todo o Brasil entre janeiro e dezembro – um recorde até aquele momento.

O sistema CKD era mais vantajoso economicamente naquele momento do que trazer o veículo pronto dos Estados Unidos. A prioridade para a GM era que o automóvel tivesse um preço competitivo no país em que fosse montado. No caso do Brasil, o valor do transporte marítimo dos conjuntos desmontados era bem mais barato que os veículos prontos. Assim, o preço final para o consumidor brasileiro ficava menor, mesmo descontados o custo da mão de obra aqui no

Pequeno Furgão Chevrolet, o primeiro veículo a sair da linha de montagem no Brasil.

país e o transporte das peças do porto para a fábrica. Para a matriz acabava também sendo um bom negócio. Com o veículo apresentando um custo competitivo por aqui, consequentemente as vendas aumentariam e, com isso, a quantidade produzida no país de origem também aumentava, diminuindo assim os preços.

Essa equação prontamente começou a dar resultados, mostrando que a GM americana tinha razão em apostar no Brasil. Somente no primeiro ano de atividade, 5.597 veículos foram comercializados, número muito expressivo para a época, levando-se em conta que o concorrente era nada menos que o fenômeno mundial Ford T, também apelidado de "Ford Bigode". Nesse sentido, a marca Chevrolet iniciava sua trajetória de sucesso no país, transformando-se rapidamente em um sonho de consumo para a população. Além disso, os veículos se adaptaram muito bem às condições brasileiras de ruas esburacadas e estradas quase inexistentes, que muitas vezes não passavam de picadas no meio da mata.

Estes bons números iniciais foram encorajadores. A procura por veículos era muito grande, impulsionada pelo período de prosperidade econômica brasileira, forçando a empresa a aumentar sua capacidade de produção, passando para quarenta unidades diárias já em 1926. Naquele ano foram comercializadas 13.527 unidades, um aumento de mais de 100%. Ainda em 1926 a GMB diversificaria sua linha de montagem, iniciando no Brasil a composição de outros produtos do grupo GM, como o Buick, o Oldsmobile, o Oakland e o Cadillac. Mas a marca que mais conquistou o público brasileiro foi, sem dúvida, a Chevrolet.

A GMB não media esforços para atingir sempre mais pontos de vendas pelo Brasil. Em 1927 foram criadas mais de 150 revendedoras em vários Estados, como Pernambuco, Rio de Janeiro, Rio Grande do Sul e Mato Grosso. As revendas também eram responsáveis por garantir a assistência técnica aos seus clientes, com mecânicos treinados pela própria empresa. Todo o trabalho de revisão e

Revendedoras Chevrolet se espalham pelo Brasil.

A origem

manutenção realizado nos veículos da marca era supervisionado e treinado por técnicos da matriz General Motors.

Ainda em 1927, a capacidade de produção aumentaria para impressionantes 180 veículos montados por dia, mostrando toda a eficiência dos técnicos e operários brasileiros. Já no dia 17 de setembro deste mesmo ano, a GMB comemorava a montagem do veículo número 25.000. Para atender a crescente demanda do mercado, no mesmo mês a empresa iniciou a construção de uma nova fábrica na cidade de São Caetano do Sul, na região do ABC paulista, numa área recém-adquirida de 45.000 m².

TEMPOS DE CRISE

Em 1928, o crescimento da GMB continuaria em ritmo acelerado. No dia 10 de dezembro, o 50.000º veículo da marca sai da linha de montagem. Naquele ano a companhia totaliza 25.162 carros comercializados, um aumento de mais de 30% em relação a 1927. Para se ter uma ideia da grandeza destes números, em 1925, ano da inauguração da fábrica, aproximadamente 50.000 veículos circulavam por todo o território brasileiro. Ou seja, em 1928, somente a produção da GMB seria o suficiente para dobrar a frota nacional. Tudo isso feito nos armazéns alugados na avenida Presidente Wilson, no bairro do Ipiranga, em São Paulo, já considerados pequenos para a atual produção automotiva.

No início de 1929, a construção da nova e moderna fábrica em São Caetano do Sul estava a pleno vapor. Tudo ia muito bem: a produção aumentando, as vendas crescendo e os veículos sendo bem aceitos pelo consumidor brasileiro. Apesar do termo "globalização" ainda não ser utilizado naqueles tempos, a economia brasileira (e praticamente do mundo todo) era muito influenciada pelos humores da situação financeira e política dos Estados Unidos. Até

Em dezembro de 1928 era comemorada a fabricação do 50.000º veículo, mas o clima de euforia terminaria com a crise de 1929.

que no dia 24 de outubro de 1929 ocorreu o fatídico *crash* da bolsa de valores de Nova York, a maior crise do capitalismo da história até então, interrompendo bruscamente a euforia econômica e social que imperava na maior parte do planeta.

Essa enorme queda na bolsa de valores foi o estopim para uma grande crise sem precedentes nos Estados Unidos e, consequentemente, em boa parte do mundo. O otimismo cedeu lugar ao medo, à recessão, às falências e ao desemprego. Os números eram assustadores: 85.000 empresas e mais de 9.000 bancos decretaram falência somente nos Estados Unidos. Como consequência, a General Motors se viu obrigada a reduzir em 75% sua produção não só nos Estados Unidos como também no Canadá e na Europa entre 1929 e 1933.

Esse cenário devastador também se repetiu no Brasil, cuja economia era basicamente agrário-exportadora de alimentos e matérias-primas. O café, principal símbolo de riqueza brasileiro, também sofreu com a forte retração do mercado internacional, provocando uma violenta queda nas exportações e nos preços. Como consequência, muitos fazendeiros perderam praticamente todos os seus cafezais. A crise também afetou fortemente os negócios da GM brasileira. Por aqui, as vendas de carros despencaram: em 1930 foram vendidas somente 4.051 unidades, queda muito grande se comparada aos anos anteriores. Em 1931, este número cairia ainda mais, para apenas 3.573 veículos comercializados. O ano seguinte, 1932, foi ainda pior, quando apenas 1.566 veículos encontraram novos donos.

Como consequência, praticamente 60% dos 1.500 funcionários perderam seus empregos. Foi a primeira grande dificuldade da empresa em terras brasileiras. Só para se ter uma ideia da quantidade de demissões e redução do quadro de trabalhadores, no Departamento de Contabilidade ficaram apenas seis dos 60 funcionários que lá trabalhavam. Apesar do cenário de pessimismo, no dia 12 de agosto de 1932 foram inaugurados os galpões da nova unidade em São Caetano do Sul, ainda com uma pequena produção.

SUPERANDO A CRISE

Passada a crise de 1929, a GMB desejava retomar sua história de sucesso no Brasil. O transporte urbano naqueles tempos ainda carecia de veículos, sendo que muitos passageiros eram transportados em carrocerias de caminhões, apelidados de "pau de arara". Enxergando isso, a GMB passou a direcionar seus esforços na fabricação de

A origem

A GMB utilizava uma técnica de construção chamada "Turret Top", que contava com estrutura de madeira e fez muito sucesso no mercado.

veículos de transporte coletivo, começando em 1933 a construção de carrocerias nacionais de ônibus, usando os chassis e os motores Chevrolet importados. Em pouco tempo, o aumento da produção faria com que a empresa comercializasse tanto os veículos prontos como apenas chassis e outros componentes para o mercado em geral.

Em 1934, o primeiro ônibus ficou pronto na fábrica de São Caetano do Sul. Com carroceria de madeira e uma suspensão robusta e eficiente, capaz de suportar as péssimas condições de nossas ruas, esses ônibus se destacaram pela qualidade na fabricação. O motor e o câmbio também eram extremamente fortes e poderiam rodar muitos anos com pouca, e relativamente barata, manutenção.

Aos poucos, a montagem dos automóveis retomava o seu ritmo. Com um número cada vez maior de veículos rodando pelas ruas, seria natural que houvesse uma crescente demanda por peças de reposição. Com isso, a GM brasileira intensificou a comercialização de peças e acessórios para atender esse mercado, gerando boa receita para a empresa. Além disso, aumentaram ainda as vendas de baterias, motores movidos a gasolina, a diesel e outros componentes para automóveis, caminhões e ônibus.

A partir de 1934, a GMB então retoma seu ritmo de crescimento, empurrado pelo progresso acelerado do Brasil e pelo fortalecimento da General Motors Corporation, já considerada uma das maiores organizações da indústria automotiva mundial, incrementando a sua produção de automóveis em todas as partes do mundo.

No Brasil, Ford e GMB lutam ferozmente pela reconquista do crescente mercado, com ataques e contra-ataques de publicidade, estimulando a ofensiva de vendas. Quem ganhava com isso era o consumidor, que aproveitava essa concorrência e as constantes promoções de vendas.

As vendas de carros, ônibus, caminhões, pequenos utilitários, peças e acessórios

O refrigerador Frigidaire ajudou no crescimento da GMB.

aumentavam, apoiadas por uma importante rede de concessionárias bem estabelecidas nas principais capitais brasileiras e outras grandes cidades.

A produção de carrocerias comerciais era então um dos melhores negócios da GMB, fazendo dela a maior fornecedora no segmento durante vários anos. Até que em 1936 um marco histórico é comemorado: a produção do veículo de número 100.000 feito no Brasil, diretamente da linha de montagem em São Caetano do Sul. A marca é considerada muito positiva, em virtude das dificuldades causadas pela crise de 1929. Assim a GMB conseguiu superar todas as adversidades de forma criativa e competente.

Nesta época ainda, para verificar a aceitação do consumidor brasileiro, a GMB, que também fabricava os refrigeradores Frigidaire, importa o primeiro lote do eletrodoméstico da matriz nos Estados Unidos. O sucesso foi imediato e, em pouco tempo, o produto se transformou em um dos itens mais desejados entre as donas de casa.

Além dos refrigeradores, a GMB apostava na fabricação de produtos diversificados, como freios hidráulicos, um novo sistema de molas para caminhões e rádios especialmente preparados para automóveis – um tremendo luxo naqueles tempos. Para facilitar as vendas e o atendimento ao consumidor, a rede de concessionárias estava solidamente estabelecida, principalmente nas maiores cidades do país.

Mas tudo voltaria a mudar em 1939, com a eclosão da Segunda Guerra Mundial, quando o cenário econômico de todo o planeta sofreria enormes mudanças. Seria mais uma prova de fogo para a GM, inclusive na filial brasileira.

UM NOVO DESAFIO PARA A GMB

Em setembro de 1939, eclodia a Segunda Guerra Mundial e, com ela, mais uma dura etapa para ser vencida pela empresa. Durante os três primeiros anos do conflito o cenário manteve-se indefinido, pois os Estados Unidos ainda não se envolvera oficialmente, apesar de ajudar seus aliados europeus. Mas tudo mudaria a partir de 1941, quando o país norte-americano entra definitivamente no conflito. Assim como a maioria das outras grandes indústrias, a General Motors

A origem

Corporation é colocada sob controle militar, fazendo com que a maior parte de sua produção fosse mobilizada para os esforços de guerra, como veículos militares, armas, munição e equipamentos.

O cenário brasileiro não era muito diferente, principalmente após a criação da Força Expedicionária Brasileira no final de 1941 e o envio de tropas brasileiras para lutar contra a Alemanha nazista na Europa. Também no Brasil, da mesma forma que ocorreu como tantas empresas nacionais, a GMB foi mobilizada pelo governo para concentrar suas atividades e seus esforços à serviço da guerra. Novamente, as necessidades militares eram priorizadas em relação aos interesses comerciais. Durante o período bélico, além de produzir veículos militares para as Forças Armadas Brasileiras, como caminhões de transporte de tropas e materiais, ambulâncias, recipientes para transporte de gasolina e reboques de duas rodas para canhões, a GMB também fabricava artigos não militares de grande necessidade e escassos na época, devido ao intenso racionamento do governo. Entre estes artigos: molas para locomotivas, poltronas de vagões ferroviários e aparelho de gasogênio para automóveis, caminhões, e, principalmente, viaturas militares.

O gasogênio, um combustível alternativo gerado pela queima do carvão, foi criado meses antes por um pequeno grupo de engenheiros que inaugurou a Divisão de Gasogênio do Instituto de Engenharia de São Paulo. Apesar de incômodo, por ocupar um grande volume na traseira do veículo, piorar o seu desempenho e diminuir a vida útil do motor, o gasogênio foi uma importante alternativa para a escassez de gasolina. Com a entrada do Brasil na guerra e a falta da gasolina se agravando, os primeiros veículos movidos a gasogênio foram para as ruas em 1941. Até o final da guerra, 20.000 aparelhos de gasogênio foram fabricados por diversas empresas.

Apesar de contar com praticamente toda a sua produção voltada para a guerra, a GMB ainda fazia esforços para atender de alguma forma o mercado local. Neste período, conseguiu vender aproximadamente 2.000 veículos movidos a gasogênio para o consumidor comum.

Apesar dos tempos de guerra, a GMB comemorou a fabricação do 150.000º veículo em 1941.

Ainda em 1941, a companhia comemora a montagem do veículo GM de número 150.000 no Brasil. E no ano seguinte tem início na fábrica de São Caetano do Sul a produção das baterias Etna e do conjunto de molas semielípticas para diversos modelos de caminhões e utilitários.

Pode até parecer estranho, mas o período da guerra não foi tão ruim para os negócios da GMB. Só para citar um exemplo, entre 1942 e 1945, a empresa produziu 9.167 veículos, a maioria para uso militar, um número muito positivo se considerarmos a conjuntura de guerra e a recessão que o Brasil atravessava. Com isso, a GMB ganhava fôlego para continuar suas atividades no país. Outro ponto importante nesse cenário trágico de guerra foi que, após o término do conflito, em 1945, a corporação se encontrava amadurecida com as crises que enfrentara e fortalecida para o desafio da nova etapa que estava por vir.

OS CAMINHÕES AJUDAM A GMB

Com o final da guerra, a Chevrolet reativou sua antiga linha de caminhões de 1942, com mínimos retoques, voltando à sua produção plena para o mercado civil a partir de agosto de 1945. Em 1946, a linha de produtos já era praticamente idêntica àquela do pré-guerra, salvo alguns pequenos detalhes. A fabricação de caminhões ajudaria a Chevrolet a consolidar sua posição de liderança no mercado brasileiro, oferecendo produtos modernos, simples, de manutenção facilitada e de excepcional confiabilidade. O irreverente público brasileiro logo trataria de apelidar os novos utilitários da Chevrolet com o nome "Boca de Sapo", como são conhecidos até hoje.

No final da década de 1940, a GMB entendeu que os utilitários tinham uma

O caminhão "Boca de Sapo" foi o responsável pela liderança do mercado da GMB.

A origem

demanda mais imediata, pois era o elo entre o produtor e o consumidor. Como resultado, esses modelos acabaram sendo verdadeiros desbravadores de mercados, já que o país necessitava urgentemente deles. Com isso, a empresa decide se dedicar prioritariamente aos veículos de transporte de carga, ficando os automóveis com sua produção ligeiramente diminuída.

A fabricação própria das primeiras carrocerias abertas de madeira para instalação nos caminhões "Boca de Sapo" foi registrada em 1950. Como o motor Load-Master 235 estava se tornando um tanto defasado com relação aos concorrentes, a Chevrolet resolveu reprojetá-lo totalmente, mantendo sua cilindrada de 3,85 litros e a razão de compressão de 6,7:1. O resultado foi uma máquina capaz de desenvolver 106 cv.

NO RITMO DO CRESCIMENTO

A década de 1950 se inicia de forma muito promissora para a GMB, acompanhando o acelerado crescimento do Brasil. Na divisão dos "não veículos", o grande destaque era a geladeira Frigidaire, que continuava sua jornada de sucesso no mercado, com alto volume de vendas. Devido à grande procura pelo eletrodoméstico, em 1951 a empresa decide fabricá-la aqui no Brasil, gerando ainda mais empregos. As primeiras unidades foram para o mercado no final do ano, com índice de nacionalização de 72% do seu peso.

Na divisão de "Veículos" foi intensificada a produção de caminhões e ônibus, este último com o objetivo de suprir mais uma demanda prioritária no país, já que o tradicional serviço de bondes elétricos não era mais suficiente para a crescente necessidade da população. Também foram introduzidos no mercado novos modelos de automóveis de passeio do grupo GM, diversificando ainda mais a linha de produtos da empresa.

Em janeiro de 1951, a GMB comemorava a produção do milésimo ônibus com carroceria metálica.

Linha de montagem em São Caetano do Sul no início da década de 1950.

Para aumentar sua capacidade de produção, a empresa se viu obrigada a ampliar as instalações em São Caetano do Sul a partir de 1950, que acabaram ficando duas vezes maior que na planta original. Ainda neste ano começaram a ser montadas as primeiras unidades das caminhonetes Chevrolet com caçamba metálica produzidas no país. Também foi comemorada a montagem do veículo 200.000 em terras brasileiras. Neste mesmo ano, a GMB lança no mercado o primeiro ônibus brasileiro planejado para nossas condições topográficas e climáticas, e não mais um veículo com características norte-americanas. Para isso, foram utilizados basicamente componentes e matéria-prima nacionais. Antes mesmo que o governo se preocupasse com isso, a GMB já se esforçava para nacionalizar os seus produtos.

A produção de veículos de transporte pesado ocupava boa parte da capacidade produtiva da GMB. Portanto, seria natural que os veículos de passeio fossem perdendo gradativamente espaço na linha de montagem – tendência que seria repetida nos próximos anos. Já em janeiro de 1951 a produção total de ônibus com carroceria de aço em São Caetano do Sul alcançava as 1.000 unidades. Havia vários tipos de carrocerias montadas sobre chassis Chevrolet: para 25, 29 ou 42 passageiros sentados. A empresa também decide colocar em produção o lendário ônibus GM Coach, com chassi e motor movido a diesel, importados dos Estados Unidos, design moderno, extremamente confortável para os padrões da época e capacidade para transportar 70 passageiros.

Apesar de menos aquecido, o setor de automóveis não deixou de apresentar suas novidades. A marca Chevrolet continuava sendo a prioridade, mas a empresa passa a introduzir em sua montagem os outros modelos top de linha da GM americana, como o Cadillac, o Pontiac e o Buick. Iniciou-se também a montagem de veículos da marca Opel, importados da GM alemã, com boa aceitação pelo público brasileiro.

O cenário da GM no Brasil era o seguinte: caminhões e ônibus vendiam bem e eram responsáveis por boa parte do faturamento da empresa; paralelamente,

A origem

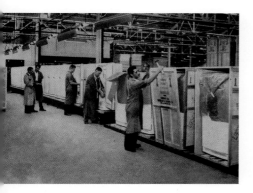

o setor de peças e acessórios crescia na mesma proporção, inclusive com o surgimento de uma série de empresas fornecedoras de componentes, como peças para o motor, vidros, para-choques, borrachas e pneus para diversas montadoras de veículos, incluindo a GMB. Nesta época, a companhia já se destacava na fabricação de conjuntos de molas semielípticas para diversos modelos de caminhões, ônibus e outros utilitários, produzidos pela empresa desde 1943.

Os outros produtos da GMB também apresentavam bons resultados. Só como exemplo, as baterias Etna, que inicialmente, ainda nos anos 1940, eram importadas e vendiam 7.000 unidades ao mês, em 1952 alcançou a incrível marca de 40.000 unidades mensais, já fabricadas com matéria-prima nacional. Neste mesmo ano, a marca Etna mudou de nome, passando a se chamar "Delco". As geladeiras Frigidaire também vendiam muito, atingindo um número cada vez maior de lares.

Com o crescimento na venda desses itens, a GMB mais uma vez sentiu necessidade de ampliar o seu espaço para a montagem dos automóveis de passeio, muito admirados pelo público. Então, em outubro de 1953, a empresa adquiriu uma área de 1,6 milhão de m² em São José dos Campos, no interior de São Paulo, para a construção de novas e modernas instalações. Nesta mesma época a empresa decide, de forma pioneira no Brasil, pela preparação de um programa de nacionalização de seus caminhões, intitulado "Fabricação de Caminhões no Brasil", também conhecido como "Projeto 420". A iniciativa seria aprovada e implantada dois anos depois, como veremos adiante.

Enquanto o novo caminhão brasileiro não chegava, algumas melhorias eram realizadas nos veículos aqui montados. Em 1953, o tradicional motor Load-Master 235 ganhava uma nova revisão para entregar 110 cv, com razão de compressão ampliada para 7,0:1. Depois de sete anos no mercado, no final de 1953, os estilistas da GM resolveram atualizar a cabina Advance Design. Algumas das características mais destacadas eram o novo para-brisa curvo inteiriço, a nova grade massiva com elementos centrais

Setor de embalagens do refrigerador Frigidaire, presente cada vez mais nos lares brasileiros.

O caminhão "Boca de Bagre" 1954 fez muito sucesso no mercado brasileiro.

cruciformes e grandes luzes de posição em seus flancos. Como resultado, a aparência final era mais volumosa e imponente. A alcunha brasileira não tardaria, com a nova série sendo carinhosamente chamada de "Boca de Bagre".

Enquanto o caminhão nacional não saía do papel, novos importados eram entregues pela linha de montagem da GM brasileira. Em 1955, a nova linha Chevrolet Task Force e a linha de pick-ups inauguram alguns dos estilos mais marcantes da história da Chevrolet. As pick-ups logo ficariam conhecidas no Brasil como "Martha Rocha", em alusão à indiscutível beleza do veículo, suas formas harmoniosas e seus para-lamas traseiros do tipo step side, que remetiam à célebre Miss Brasil e suas "polegadas a mais". Esta nova geração de produtos inaugurava a era dos para-brisas envolventes, também chamados de "full wrap" – uma moda iniciada nos automóveis de luxo daquela década, como o Cadillac e o Corvette, em 1954, e Chevrolet Bel Air, em 1955. Até hoje, essa linha de veículos comerciais é considerada por muitos a mais bonita já fabricada pela marca.

Até a década de 1950, o mercado brasileiro era basicamente abastecido por veículos importados ou apenas montados por aqui. Para mudar esse quadro, foi criado em 1956, pelo então presidente da república Juscelino Kubitschek, o GEIA (Grupo Executivo da Indústria Automobilística). Liderado pelo almirante Lúcio Meira, o GEIA provavelmente foi o grupo executivo mais bem-sucedido na história do Brasil. Seu ambicioso plano teria a função de promover o desenvolvimento da indústria automobilística no país, incentivando a criação de novas montadoras de automóveis, além de estimular a nacionalização dos veículos nas fábricas já existentes, oferecendo às empresas que tivessem seus produtos aprovados, direitos a facilidades cambiais para importação de máquinas e equipamentos, generosas isenções de impostos, além de receber gratuitamente áreas territoriais da União e dos municípios, desde que pelo menos 40% do peso do veículo fosse composto por peças nacionais. Até os

Pick-up Martha Rocha, ainda montada em CKD, considerada uma das mais belas da história da GM.

A origem

anos 1960, essa meta ficaria entre 90 e 95%. Além de promover o aumento dos postos de trabalho, a melhor qualificação da mão de obra e o desenvolvimento tecnológico do país, o advento também contribuía enormemente para o crescimento do Brasil de maneira geral.

O GEIA aceitava projetos de todos os tipos de veículos, mas como o Brasil iria focar seus investimentos de infraestrutura no transporte rodoviário, a frota de veículos de carga e transporte coletivo apresentava uma demanda ainda mais urgente. Inicialmente, o grupo então priorizou a produção de veículos destas categorias – caminhões, tratores e utilitários do tipo Jeep. Grandes empresas nacionais logo se interessaram. As Indústrias Romi trouxeram o exótico projeto da Romi-Isetta, enquanto a Vemag (Veículos e Máquinas Agrícolas) apresentou a caminhoneta DKW. Ambos foram aceitos e lançados em 1956, sendo considerados os primeiros carros brasileiros.

Das empresas estrangeiras, a primeira a chegar foi a Volkswagen. A Ford inicialmente foi contra, mas acabou aceitando a novidade algum tempo depois. A GMB apoiou a iniciativa e apresentou o projeto de nacionalização de seus já conhecidos caminhões, o "projeto 420". Em dezembro de 1956, o projeto do caminhão Chevrolet, juntamente com outros onze projetos de outras empresas, foi aprovado pelo GEIA. O prazo dado para o início da produção desses projetos era de até três anos, tempo necessário para importação do maquinário e a preparação das instalações.

Na época, houve certa pressão por parte de alguns executivos da GMB para que fosse trazido ao Brasil o ferramental de algum carro de passeio americano já fora de linha, como, por exemplo, o Chevrolet 1953 ou o 1954, um bom veículo e que, certamente, também faria muito sucesso por aqui. Talvez fosse um bom negócio para a empresa, com grande chance de aprovação por parte do GEIA. Mas a direção da corporação optou pelos caminhões e utilitários, seguindo as recomendações e orientações do próprio GEIA. O veículo de passeio teria que esperar mais alguns anos.

Romi-Isetta, considerada um dos primeiros veículos brasileiros.

A nacionalização do caminhão brasileiro no final de 1958 marcou uma nova fase para a GMB.

Este importante programa de nacionalização do caminhão Chevrolet mostrava o interesse da empresa em continuar apostando no Brasil, integrando-se plenamente ao processo de industrialização nacional nesta nova etapa. Representou também um grande empreendimento manufatureiro da empresa, que incluía a construção de uma moderna fábrica no recém-adquirido terreno de 70 alqueires em São José dos Campos, onde seria construída, entre outras instalações, uma fábrica para fundição de blocos de motores e outras peças em ferro-gusa e ferro maleável. De lá sairia futuramente o motor de seis cilindros brasileiro que equiparia os caminhões nacionais, já que umas das exigências do GEIA na aprovação do projeto era que o motor fosse fabricado aqui. Assim, a GMB trabalhava a passos largos para o cumprimento das metas de nacionalização.

Em 1957 começam as obras da construção da nova fábrica em São José dos Campos, mesmo ano em que o GEIA aprovaria também o plano de fabricação de caminhões pequenos (ou pick-ups, como são chamadas atualmente). Um dos motivos que levaram tanto a GMB como a rival Ford a optarem primeiramente pela nacionalização dos caminhões e caminhonetas foi estratégico: além da aprovação mais rápida do GEIA, os veículos comerciais necessitavam de uma menor escala de produção naquele momento, garantindo, assim, lucros mais substanciais, além de permitir que uma gama maior de modelos pudesse ser fabricada com a mesma carroceria básica.

Em dezembro de 1958, a GMB produziu seu primeiro caminhão Chevrolet brasileiro, com índice de 44% de nacionalização, 4% acima do exigido pelo GEIA. No início de 1959, foi a vez do lançamento da pick-up 3100 nacional, muito bem aceita em nosso mercado, especialmente pela mecânica altamente robusta e confiável, além da manutenção fácil e de baixo custo – uma vantagem mercadológica, principalmente para aqueles que a usavam para fins comerciais. As primeiras unidades da pick-up saíram com o motor ainda importado. Mas logo em seguida, já com a fábrica de São José dos Campos em atividade (apesar de ainda não ter sido inaugurada oficialmente), os propulsores

A origem

passaram a ser brasileiros. Era o mesmo motor que equiparia também os caminhões da marca.

O dia 9 de março de 1959 representa um marco na trajetória da GM no Brasil. Nesta data foi inaugurada oficialmente a segunda fábrica da empresa, em São José dos Campos, com a promessa de, em pouco tempo, atingir um índice de nacionalização superior a 65% em seus veículos, um pouco além do exigido pelo GEIA. A festa de inauguração contou com a presença ilustre do presidente Juscelino Kubitscheck, além de toda a diretoria da GMB. Entre as instalações, destacavam-se uma moderna fundição de ferro, forjaria e uma oficina de usinagem para fundição de blocos e fabricação de motores para toda a linha GMB.

Já há algum tempo, a empresa estava de olho na fabricação de um veículo de passageiro, mas, ao mesmo tempo, não podia se desviar do objetivo principal assumido com o governo de produzir veículos comerciais. Dessa maneira, ainda no ano de 1959 nascia a Perua Amazona, que utilizava a mesma base da pick-up 3100, inclusive com a dianteira idêntica, mas na parte traseira contava com um amplo espaço para três bancos e oito lugares. Possuía três portas: as duas dianteiras da pick-up e uma terceira do lado direito, correspondente à segunda fileira de bancos, para acesso aos passageiros. O motor era o mesmo que

1º Salão do Automóvel. No estande da GMB o destaque foi para a nova perua Amazona.

equipava os outros veículos da marca: 262 polegadas cúbicas (4.277 cm³ e 142 cv). A Amazona foi a precursora de outro veículo que a GMB lançaria em 1964 com grande sucesso, a Veraneio.

O final dos anos 1950 e início dos 1960 foram muito positivos para a indústria automobilística no Brasil. Entre 1957 e 1960, a produção anual de veículos daria um salto de 30.700 para 145.674 veículos (só na GMB, a quantidade de unidades saltou de 4.741 para 13.689 nesse período). Os números refletem o grande incentivo oferecido pelo governo através do GEIA, fazendo com que as empresas investissem maciçamente em seu parque industrial, aproveitando-se da melhoria do poder de compra do consumidor brasileiro.

Outro marco importante acontece logo no início de 1960, mais precisamente no dia 12 de janeiro, quando foi comemorada a fabricação do motor Chevrolet brasileiro de número 10.000. Seis dias depois, sai da linha de montagem o refrigerador Frigidaire de número 300.000.

Já em novembro desse mesmo ano acontece o 1º Salão do Automóvel brasileiro, no pavilhão do Ibirapuera, em São Paulo, organizado pela Alcântara Machado com o apoio do GEIA. O evento foi criado com o intuito de apresentar as novidades da indústria automobilística nacional, além de incrementar as vendas. Com enorme sucesso de público, o evento foi visitado por mais de 400.000 pessoas. O estande da GMB mostrou os seus caminhões e pick-ups leves, dando maior ênfase à recém-criada Amazona, sua perua de passageiros equipada com mecânica de caminhão. No mesmo mês em que ocorria o evento, a fábrica entregava o motor brasileiro de número 25.000.

A GMB ENFRENTA NOVA CRISE

A partir de 1961, a GMB passaria mais uma vez por tempos difíceis. Dessa vez, porém, devido à própria conjuntura brasileira, e não por problemas externos. O país atravessava uma forte instabilidade política com o novo presidente da república, Jânio Quadros, empossado no dia 31 de janeiro daquele ano. Entre as principais características do novo mandatário estava o tom severo e crítico contra a maioria das realizações do governo anterior. A situação cambial herdada exigia cuidados e uma das bandeiras da era JK, o "desenvolvimento a qualquer custo", deixara de ser unanimidade para ser vista agora com preocupação.

Entre outras medidas, Jânio promoveu uma reforma cambial com forte desvalorização do Cruzeiro (moeda do Brasil na época), desequilibrando o orçamento nas contas públicas e gerando uma inflação que se aproximaria do patamar anual de 50%, fato que assombraria os brasileiros pelas próximas três décadas. O governo tentava conter essa situação com políticas macroeconômicas. O resultado foi uma grande recessão e o rompimento da euforia advinda do forte crescimento industrial do pós-guerra. A GMB, como toda a indústria automobilística brasileira, sentiria os efeitos dessa crise com um forte declínio das vendas e, consequentemente, da sua produção.

O governo Jânio Quadros não durou nem um ano no poder. Poucos meses após tomar posse, o presidente renuncia

A origem

ao cargo no dia 25 de agosto de 1961, deflagrando assim uma crise político-partidária que agravou ainda mais a situação econômica, acelerou o processo inflacionário e perturbou os esquemas de industrialização implantados, justamente na fase que deveria acontecer a sua consolidação. Em meio à crise, o vice-presidente João Goulart assume a presidência no dia 7 de setembro de 1961, após a reforma da Constituição que estabeleceu o regime parlamentarista no país.

Apesar de toda a instabilidade política e da queda acentuada em suas vendas, a GMB ainda apostava no Brasil e criava alternativas para enfrentar novamente os tempos difíceis, que durariam ainda alguns anos. A comercialização de caminhões, que em 1960 foi de 13.925 unidades, recuou para 9.583 em 1961. Já as vendas totais da empresa, no mesmo período, caíram de 18.139 para 13.604 veículos. Só a título de comparação, a rival Ford, que na época também não tinha veículos de passeio em sua linha, vendera 19.045 veículos em 1960, e 14.049 em 1961. Entretanto, a conjuntura política e econômica desfavorável não impediu que a GMB continuasse a crescer e conquistar novas marcas. No dia 12 de abril de 1961 a companhia comemora o 50.000º veículo Chevrolet produzido no país, e no dia 27 de dezembro o 400.000º refrigerador Frigidaire nacional.

Durante o 2º Salão do Automóvel, ocorrido no final de 1961, a GMB apresentou a linha 1962, cujas novidades foram as duas variações da Amazona. A primeira foi o Corisco, um furgão sem as janelas na parte traseira e com grande capacidade para cargas, voltado principalmente para lojas, armazéns, fábricas de cigarros, padarias, floricultura, serviços de correios e tinturaria. Versátil, o veículo também poderia ser adaptado para funcionar como ambulância. Muito

À esquerda: o Corisco, uma variação da Amazona sem janelas e bancos na parte de trás. À direita: a nova cabine dupla Alvorada.

A linha comercial passou por uma reestilização em 1963, com novos faróis (agora duplos) e nova grade.

apreciado pelos profissionais de saúde, o Corisco era um veículo rápido, potente, robusto e de fácil manutenção, além de possuir um bom espaço para o paciente e seus acompanhantes.

A outra variação foi a pick-up com cabine dupla Alvorada, que poderia transportar até seis pessoas com boa capacidade de carga. Um veículo ideal para levar toda a família a passeios na praia e no campo. Ambas possuíam a mesma mecânica da Amazona. Outra conquista da GMB também em 1962 acontece no dia 26 de julho, quando foi comemorada a fabricação do motor brasileiro de número 50.000.

No final do ano, a GMB realizou sua já tradicional "Convenção Nacional Chevrolet", para mais de 600 convidados, evento realizado anualmente no Esporte Clube Pinheiros, em São Paulo, desta vez para apresentar as novidades na linha Chevrolet para 1963 (caminhão, pick-up, Corisco, Amazona e Alvorada). Entre as novidades, todos os veículos da marca ganharam nova frente, agora com quatro faróis menores no lugar dos dois, acompanhando a tendência norte-americana. A grade foi redesenhada e os piscas integrados, conferindo um visual mais moderno. As portas ganharam novas borrachas, com melhor vedação e menor ruído. O espelho retrovisor externo foi reestilizado. O novo teto foi projetado para frente, logo acima do para-brisa que, segundo a fábrica,

oferecia um visual mais elegante e melhorava a visibilidade para o motorista.

No dia 2 de julho de 1963 é celebrada a fabricação do refrigerador Frigidaire número 500.000. Na área de veículos, entre caminhões, caminhonete e seus derivados, as vendas caem em relação a 1962, de 19.015 para 12.019 unidades, ainda como reflexo da crise econômica.

A grande virada na GMB ocorre em 1964, quando os seus veículos ganham uma grande reestilização, passando a contar com linhas mais retas e modernas, além de quatro faróis (dois de cada lado), nascendo assim a série C-14. A pick-up cabine simples passava a se chamar C-1404, enquanto a versão cabine dupla recebia o nome de C-1414. Já a com chassi longo era batizada de C-1505, com maior capacidade de carga em sua grande caçamba. A última versão da pick-up era a C-1503, que vinha com

A origem

o mesmo chassi da C-1505, porém sem caçamba. Nesse caso, o proprietário tinha a opção de colocar na parte de trás uma carroceria de madeira, transformando a pick-up em um pequeno caminhão.

Outra versão de grande sucesso foi a com carroceria totalmente fechada, a C-1416, posteriormente chamada de Veraneio. Com duas fileiras de bancos e quatro portas, além de uma grande tampa traseira no porta-malas, estilo perua. A C-1416 fez sucesso tanto com o público em geral quanto com os vários órgãos oficiais da polícia. Além de rápida, a perua podia transportar o preso no local destinado ao porta-malas. A procura pelo veículo para a utilização como ambulância também era grande, por isso a GMB passou a dispor de um modelo já preparado para este fim.

O início da grande história de sucesso dos automóveis de passeio acontece apenas em 1966, quando a empresa decide fabricar seu primeiro automóvel destinado ao transporte de passageiros. Nesse ano nasce o projeto 676, que deu origem ao fenômeno Opala (carro médio derivado do Opel Rekord alemão) em 1968. Com um nome criativo, derivado da junção de sua marca de origem Opel e da marca do modelo americano de muito sucesso na época, o Impala, de quem herdou o motor, o Chevrolet Opala fez muito sucesso e foi fabricado em diversas versões de acabamento. Produzido até 1992, o veículo foi um verdadeiro sucesso: no total, foram 24 anos de produção e cerca de 1 milhão de unidades vendidas. Em 1973, foi a vez da chegada do pequeno Chevette, virtual concorrente do Fusca, também derivado do alemão Opel Kadett, outro veículo muito bem aceito pelo público. E finalmente em 1982, a GMB apresenta seu terceiro automóvel de sucesso: o Monza, assunto principal deste livro.

À esquerda: a linha GM sofreu uma grande remodelação em 1964, com linhas mais retas. Na foto, a perua C-1416, que futuramente ficaria conhecida como Veraneio. À direita: Opala, o primeiro veículo de passeio da GMB e um dos maiores sucessos da história da indústria automobilística brasileira.

O "PROJETO J"

Tudo começou com a crise do petróleo que abalou o mercado automobilístico mundial e as fábricas de automóveis em meados da década de 1970, mais precisamente no ano de 1973, quando o barril do petróleo alcançou níveis de preços nunca imaginados, passando de 2,90 para 11,65 dólares em poucos meses. Foi quando a indústria mundial teve que se reinventar para sobreviver à crise. Além disso, falava-se na época que as escassas reservas de petróleo poderiam acabar em apenas trinta anos.

O principal país afetado pela crise do petróleo foram os Estados Unidos, com sua frota de veículos luxuosos, grandes, potentes e "beberrões". A gasolina na América do Norte era farta e barata e, desde os anos 1950, os grandes e potentes motores V8 é que ditavam as regras do mercado. Quanto maior e mais potente fosse o motor, mais desejado pelo público americano. Os modelos luxuosos dos Cadillacs, Buicks, Oldsmobiles, Dodges, Chryslers, Imperials e, ainda, os Lincolns e Mercurys, quase sempre tinham mais de 5 m e motores de até 8 litros de capacidade.

As três principais indústrias automobilísticas que dominavam o mercado americano – Ford, Chrysler e General Motors –, conhecidas como "The Big Tree", concentraram seus investimentos a partir de então em projetos de carros menores, mais leves, eficientes e, principalmente, econômicos. Neste momento, inclusive a legislação americana tornou-se mais rígida no controle de emissões de poluentes nos veículos produzidos no país.

A General Motors mundial então lançou a ideia de um ambicioso e visionário projeto para as próximas décadas de escassez e carestia do petróleo: um veículo com uma plataforma mundial, ou seja, um mesmo projeto que poderia oferecer produtos em todas as subsidiárias e filiais da empresa pelo mundo, apenas com pequenas alterações e adaptações de acordo com as condições e legislações dos países. Um mesmo carro, mas com características do país fabricante – conceito amplamente utilizado hoje por todas as principais montadoras e fabricantes do mundo.

Batizado de "Projeto J", ou J-Car, este ousado projeto propôs uma mesma

Os enormes carros americanos do início da década de 1970 estavam com os dias contados devido à grave crise do petróleo. Na foto, o Cadillac 1970.

A origem

plataforma que seria usada em diversos países ao redor do globo, como Estados Unidos, Alemanha, Inglaterra, Japão, Brasil e África do Sul. Assim, no ano de 1977 a GM e suas filiais começaram a trabalhar no carro global da marca, inclusive com possibilidade de intercâmbio das peças produzidas entre os diversos países e continentes.

Um carro moderno, compacto para os padrões americanos, sem abrir mão do espaço interno, do conforto e da maciez ao rodar. O novo modelo apresentava linhas aerodinâmicas e a utilização de materiais mais leves em sua fabricação, como plástico, seus derivados e ligas de alumínio. O motor eficiente, montado na dianteira do veículo em posição transversal, com comando de válvulas no cabeçote (fabricado em alumínio), fluxo cruzado e tuchos hidráulicos, contava ainda com tração também dianteira para otimizar o espaço interno.

No Brasil, em 1978, começam os estudos do J-Car nacional, ainda sem nome definido, mas gerando uma grande expectativa junto aos consumidores. As revistas especializadas já falavam sobre o assunto e aumentavam a curiosidade do público: "Vem aí o novo Opala, mais moderno, econômico e com tração dianteira", diziam algumas publicações.

A então moderna linha de montagem em São José dos Campos seria responsável pela fundição e fabricação do motor do "J" não só para o mercado interno, mas também para as outras fábricas da GM ao redor do mundo, inclusive as americanas.

No ano de 1981 foi lançada a família "J" nos Estados Unidos. A partir dela, todas as marcas pertencentes ao grupo General Motors tinham seus modelos baseados no "Projeto J", com variações de carroceria e diversas versões de acabamento, de acordo com o padrão e as características da marca – sem dúvida, a maior variedade de modelos e versões do carro mundial da GM.

O Chevrolet Cavalier, versão de entrada do grupo, foi lançado com carroceria sedã de duas e quatro portas; o modelo contava ainda com uma variante hatchback e outra station wagon (perua de quatro portas), além de uma versão conversível. A motorização disponível era 1.8 litro, evoluindo depois para 2.0 e para 2.2, até o V6 2.8 em 1984. Foi o modelo de grande sucesso, sendo um dos veículos mais vendidos de 1981 a 2005.

Chevrolet Cavalier: o carro "J" da Chevrolet americana.

Acima: Pontiac J 2000, o resultado do "Projeto J" da marca.
Abaixo: Isuzu Aska, o J-Car japonês.

Em 1982, foi lançado o Pontiac J 2000, depois chamado apenas de Pontiac 2000 no ano seguinte. De 1985 a 1994 passou a ser conhecido como Pontiac Sunbird e, por último, Pontiac Sunfire entre 1995 e 2005. Com carrocerias sedã de duas e quatro portas e ainda uma versão perua, a Safari, o veículo tinha como diferencial a frente "bicuda", uma assinatura da marca Pontiac, remetendo aos grandes e desejados modelos Firebird e Fórmula 400 do início dos anos 1970, com quatro faróis retangulares e visual com apelo mais esportivo. Existiu uma ainda rara versão conversível. A motorização utilizada era inicialmente os mesmos 1.8 e 2.0 litros fornecidos pela filial brasileira. Em seguida, as versões mais "apimentadas" chegaram a utilizar o V6 3.1.

O Buick Skyhawk tinha um visual mais comportado e lembrava os grandes sedãs da década de 1970, também nas versões de duas e quatro portas sedã, além da station wagon. O motor usado era sempre o 1.8, fundido na fábrica brasileira de São José dos Campos. Existiu ainda o bonito modelo esportivo fabricado na plataforma do hatchback, um cupê com faróis embutidos escamoteáveis e uma enorme persiana sobre o vigia traseiro.

O Oldsmobile Firenza era uma versão mais requintada ainda, com acabamento luxuoso na parte externa, detalhes cromados, rodas com calotas raiadas e pneus faixa branca. Um pequeno sedã americano com as mesmas versões de carroceria sedã de duas e quatro portas, a Station Crusier e o esportivo Firenza GT Hatch. O motor inicialmente era o 1.8 e depois 2.0.

Já o Cadillac Cimarron era a versão compacta da marca de luxo da General Motors, com acabamento interno luxuoso e visual externo também diferenciado. Tinha como missão combater os modelos premium importados de marcas que já estavam incomodando no mercado americano, com versões mais compactas, como as alemãs Mercedes Benz Classe C, BMW Série 3 e Audi 80, além do inglês Jaguar e os suecos Volvo e Saab. Uma característica inusitada do Cimarron era a alavanca de mudanças do câmbio automático na coluna de direção, como nos tradicionais modelos da marca. O mercado não reagiu bem ao pequeno Cadillac, com suas dimensões reduzidas e sua potência limitada. Esses fatores tornaram o modelo um fracasso comercial. A marca ainda tentou lançar uma versão mais potente, equipada com motor V6, mas o preço acabou ficando mais caro e pouco competitivo. Os executivos da GM foram unânimes ao

A origem

reconhecer que a produção do Cadillac Cimarron foi um erro estratégico.

Enquanto isso, na Europa, a Opel, braço da GM na Alemanha, lançou em setembro de 1981 o que seria a terceira geração do Opel Ascona, um modelo de carro médio de muito sucesso produzido desde os anos 1960, que situava-se entre os modelos Kadett e Rekord, similares aos nossos Chevette (Kadett) e Opala (Rekord) na década de 1970. A motorização utilizada no Ascona era mais variada: de 1.3 litro, passando pela 1.6 e 1.8, até o lançamento mais tarde do motor 2.0, em 1987. Além das versões de carrocerias sedã de duas e quatro portas, existia uma hatchback com 5 portas (quatro mais a tampa traseira) e uma conversível.

O Monza, nosso J-Car, foi baseado nas versões do Ascona, exceto pela versão hatch que no Brasil tinha apenas 3 portas, como veremos depois. Na Inglaterra, o J-Car era o Vauxhall Cavalier, baseado no Ascona e nas mesmas versões de carroceria e motores, montado inicialmente na Bélgica, com algumas diferenças de acabamento, além de grades, emblemas, lanternas e o volante de direção do lado direito. O carro fez muito sucesso em terras britânicas e ainda hoje é comum encontrar alguns exemplares rodando pelas ruas do país.

Nessa época também, definitivamente, os oceanos e as fronteiras não representavam mais limites para o sucesso do modelo mundial da General Motors. Na subsidiária da África do Sul, o J-Car era vendido com a marca Chevrolet Ascona, muito parecido com a versão fabricada na Inglaterra. Na Austrália e na Nova Zelândia, a marca Holden (também do grupo GM) produzia o Camira, nas versões sedã de duas e quatro portas, e perua.

No Japão, a Isuzu fazia o Aska, versão oriental do J-Car e que depois ainda originou o Chevrolet Aska vendido no Chile. (Apenas como curiosidade, alguns Chevrolet Monza brasileiros usavam o câmbio Isuzu).

Até na Coreia foi produzido o Daewoo Espero, que chegou a ser importado para o Brasil, sobre a plataforma J, mas com desenho exclusivo e de gosto duvidoso para os nossos padrões.

Opel Ascona, que serviu de base para o Monza brasileiro.

A "GESTAÇÃO" DO CHEVROLET MONZA

No início dos anos 1980, já era grande a expectativa do público brasileiro pelo futuro lançamento do nosso primeiro carro mundial, como já era amplamente divulgado nas mídias e nas conversas entre os apaixonados por carros. Esse público estava sempre à espera das últimas novidades e lançamentos no mercado. Vale lembrar que a importação de automóveis estava "fechada" desde 1975 e que o Brasil contava na época com apenas as quatro grandes montadoras: Volkswagen, Ford, Fiat e GM. A Chrysler não suportou a crise do petróleo, foi vendida ao grupo Volkswagen em 1979 e sua produção foi interrompida em 1981. Os modelos disponíveis para venda no mercado eram, em sua maioria, ultrapassados ou apenas "modernizados" a partir de alguns "facelifts" realizados pelas fábricas. Isso explicava a ansiedade pelo novo Chevrolet.

A GMB já tinha uma grande história de sucesso no Brasil. Primeiramente

Chevrolet Opala lançado em 1968, um dos maiores sucessos da indústria automobilística brasileira de todos os tempos.

com o Chevrolet Opala em 1968, carro de porte médio baseado no Opel Rekord alemão, mas com motor americano e um criativo nome de pedra preciosa, além de remeter aos nomes de origem do Opel e do Impala americano, muito bem aceitos no mercado brasileiro, em suas diversas versões e motorizações. Como já foi citado anteriormente, o Opala foi um dos carros mais longevos do Brasil, sendo fabricado até 1992, com quase 1 milhão de unidades produzidas.

Em 1973, foi a vez do pequeno Chevette, igual ao Opel Kadett alemão, entrar no mercado para concorrer com o Fusca. O Chevette se transformaria numa grande família, com versão de duas e quatro portas, carroceria tipo hatch, perua (Marajó), esportivo (GP I, GP II e, posteriormente, SR), motor 1.4, 1.6 e até 1.0. Sua trajetória de sucesso durou até 1993.

Mas foi no ano de 1977 que a GMB iniciou os estudos de um novo automóvel, que poderia substituir o Opala ou se situar em uma faixa de mercado entre ele e o Chevette. Era a semente do novo carro que daria origem futuramente ao Monza.

O consumidor brasileiro, assim como o restante do mundo, sentia no bolso os reflexos da crise do petróleo, com constantes aumentos nos preços

A origem

do combustível. Para tentar conter o consumo de gasolina, o governo adotou algumas medidas, como limitar a velocidade em 80 km/h nas estradas e fechar os postos de gasolina aos finais de semana. Além disso, durante a semana, os postos fechavam às oito da noite e reabriam apenas às seis da manhã do dia seguinte. Isso acabou gerando um forte comércio informal e ilegal paralelamente. Para não correr riscos de falta de abastecimento, alguns motoristas ainda mantinham um perigoso estoque de gasolina nas garagens de suas casas.

O Opala continuava sua trajetória de grande sucesso no mercado e, no final de 1979, o modelo 80 ganhou uma grande reestilização: a parte dianteira recebeu faróis quadrados e uma nova grade, enquanto a traseira passou a exibir uma grande lanterna retangular, que invadia a lateral da carroceria. Os para-choques também eram novos, com diâmetro maior e mais envolvente. A linha

Chevette, que vendia bem, ganhou pela primeira vez a carroceria de quatro portas. Nessa época, a preferência do público começava a mudar, já que, no passado, um veículo com quatro portas era visto como carro de taxista, e, portanto, perdia o valor de revenda. Essa novidade era um problema para quem transportava crianças no banco de trás, pois as portas traseiras ainda não tinham travas de segurança, podendo ser abertas com o carro em movimento. Aos poucos, porém, esses paradigmas começaram a ser rompidos e o comprador acabou se rendendo ao maior conforto do carro com as portas traseiras.

Foi neste cenário otimista, em que a empresa comemorava a boa aceitação de seus veículos, que o novo automóvel começou a tomar forma. Sem um nome oficial, o carro ainda era mundialmente conhecido apenas como "Projeto J". No final de 1979, a GMB já anunciava à imprensa suas intenções em relação ao "J" brasileiro. Todavia, a única certeza naquele momento é que o novo modelo seria um carro mundial, fabricado em vários outros países com possível intercâmbio de peças.

Ainda nesse ano, acontece no Clube Pinheiros, em São Paulo, um evento para avaliar a receptividade das pessoas com relação a um determinado veículo ainda desconhecido. Sob forte aparato de segurança, o encontro, também conhecido como

Apresentado em 1973, o Chevette foi o segundo grande acerto da Chevrolet.

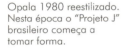
Opala 1980 reestilizado. Nesta época o "Projeto J" brasileiro começa a tomar forma.

"clínica", reunia alguns seletos convidados em um salão para observar novidades já conhecidas, como o reestilizado Opala e o Chevette quatro-portas, e responder algumas perguntas feitas por um funcionário.

Na sequência, o convidado era levado para uma sala lateral onde estavam expostas as atrações principais: dois protótipos do carro "J" feitos em fibra de vidro, um cupê de cinco lugares e uma perua de quatro portas.

Porém, esta "clínica" acabou vazando e foi amplamente noticiada pela imprensa especializada. A história ficou tão conhecida que havia até especulações quanto à data de lançamento do automóvel, provavelmente em 1982. Esse foi o estopim para uma onda de boatos que mexiam com o imaginário de todos. Mais uma vez, foi cogitado que o "Projeto J" seria o virtual substituto do Opala. Se tudo isso era verdade, só o futuro poderia responder.

COMEÇAM OS TESTES

Alguns meses depois, já em 1980, a imprensa flagrava alguns testes realizados nos arredores da fábrica em São Caetano do Sul e em estradas de acesso ao interior de São Paulo com um Opel Kadett alemão. A notícia levou muitos a acreditar que aquele seria o futuro carro do "Projeto J". Tratava-se de um veículo na cor branca, com faróis quadrados, tração dianteira e motor transversal instalado na dianteira, que percorria centenas de quilômetros por dia com o intuito de avaliar sua resistência mecânica nas condições de clima e topografia brasileira, bem diferentes das encontradas na Alemanha. Nessa fase de pré-testes, ainda não havia certeza de que o Kadett pudesse ser o nosso futuro automóvel, mas já era o suficiente para verificar se sua mecânica funcionaria bem no Brasil, podendo eventualmente ser usada no futuro "Projeto J".

Durante o ano, o misterioso carro fazia aparições constantes na mídia, onde era alvo de muita atenção por parte do público, ansioso para conhecer o "J". Muito se especulava sobre o desenho do carro: eram fortes os rumores de que o novo modelo

A origem

teria um porte médio, um pouco menor que o Opala. Também se falava com certa ênfase que no mesmo período seria lançada a versão perua, e que o motor seria transversal, 1.600 e 1.800 cm³, tendo como ponto forte a economia de combustível. Hoje sabemos que essas informações eram divulgadas para criar expectativa e sentir a receptividade do público às novidades, uma espécie de pesquisa informal na época.

Independentemente de como seria o visual do "J", os testes com o Kadett alemão continuavam a todo vapor. Inclusive, no segundo semestre de 1980 vários deles eram flagrados em testes pelas ruas, estradas e também na pista de provas da GMB em Indaiatuba, interior de São Paulo. A curiosidade sobre o futuro carro aumentava cada vez mais. O desenvolvimento e a durabilidade do novo conjunto mecânico era muito importante para o sucesso do "Projeto J" no mundo. Afinal, a fábrica e os engenheiros brasileiros participaram dos testes e do desenvolvimento do conjunto motriz que seria fabricado por aqui.

O ano de 1981 se inicia com a promessa de grandes novidades por parte da indústria automobilística para um futuro próximo, deixando o consumidor em alerta, que aguardava ansiosamente as novidades. A Volkswagen deixou vazar notícias de que preparava variações do

Os primeiros testes do "J" brasileiro foram realizados com o Opel Kadett alemão modelo 1979.

seu grande sucesso Gol, como as versões três-volumes, perua e pick-up (futuros Voyage, Parati e Saveiro, respectivamente). Além disso, iniciava os testes de um novo Passat, que na Alemanha já havia substituído o Passat primeira geração, ainda ativo no Brasil. Por aqui, esse novo carro não substituiria o Passat, mas seria lançado com outro nome, Santana; ambos dividiram as linhas de montagem por alguns anos, como veremos adiante.

A Ford também prometia uma versão mais sofisticada do Corcel II, renomeado de Ford Del Rey, além de outro novo carro mundial, o Ford Escort. Pelos lados da Fiat, a novidade seria a versão três-volumes do 147 (futuro Oggi), além dos boatos de um novo e moderno carro urbano, que daria origem a um grande sucesso de vendas, o Fiat Uno. Porém, não se podia negar que o carro mais aguardado de todos era o "Projeto J" da GMB, cujo lançamento ocorreria inicialmente na Alemanha e nos

Estados Unidos, para em seguida ser lançado em outros países. Pouco se sabia sobre esse carro na época, além da provável mecânica baseada no Kadett. A tendência era que o modelo brasileiro seria um hatchback, e não um sedã três-volumes, como estava inicialmente previsto.

Em maio de 1981, a GMB recebe um protótipo do "J" europeu já em sua configuração definitiva, renomeado Opel Ascona, que seria lançado no velho continente no final do ano. Este automóvel era a versão final do modelo mundial, cuja previsão de lançamento no Brasil seria o primeiro semestre de 1982. Como previsto, o modelo era um hatchback. Durante os testes dentro do campo de provas da empresa em Indaiatuba, no interior paulista, esse protótipo foi flagrado pelo repórter fotográfico Biu Couto e publicado como furo de reportagem na edição de maio da revista *Quatro Rodas*. Na manchete de capa: "A GM já testa um modelo do carro J brasileiro". Foi a primeira vez que o automóvel apareceu sem disfarces, saciando assim a curiosidade de milhares de leitores, que mal podiam esperar para conhecer a "cara" do novo carro.

Ao mesmo tempo, a GMB já começava a exportar os motores do carro mundial para a Alemanha, fabricados em São José dos Campos. O lançamento na Europa ocorreria com os motores brasileiros. Seu propulsor tinha duas versões, 1.600 e 1.800 cm^3, mas ainda não se sabia qual deles iria equipar o carro brasileiro. As previsões diziam que, no restante do ano de 1981, 50.000 motores viajariam para a Alemanha, números que, em um prognóstico otimista, poderia aumentar para 150.000 em 1982.

A carroceria hatchback era quase certa para o lançamento do "J" nacional, porém, a GMB já se preparava para mostrar outras variações logo em seguida. Em julho de 1981 foram flagrados protótipos camuflados que, pela silhueta, sugeriam se tratar de um modelo de três volumes. O caso deu a entender que o Monza, igualmente ao Opala, poderia se transformar em uma família, com uma série de versões a partir de um modelo básico.

O fato curioso é que, desde 1977, quando a GMB anunciou a intenção de fabricar no Brasil o seu veículo mundial, o carro nunca chegou a ter um nome oficial, tratado sempre pela imprensa como o "Carro J", "Projeto J" ou, simplesmente, "J". Diferentemente do Opala, cujo nome já era usado pelo menos dois anos antes do seu lançamento. A empresa cogitou batizar o "J"

Capa da revista *Quatro Rodas* na edição de maio de 1981. Foi a primeira vez que o "J" apareceu sem disfarces.

A origem

nacional como Ascona, mas houve certo receio devido a associação negativa com a palavra "asco" em português. Foi então que a companhia passou a estudar outros nomes, até chegar no "Monza", registrado posteriormente pela GM mundial. Numa clara alusão à esportividade, o nome foi escolhido em homenagem ao circuito italiano de Monza, onde vários brasileiros conquistaram importantes vitórias em diversas competições automobilísticas.

As expectativas em torno do "J" eram as melhores possíveis, a ponto do então presidente da GMB, Joseph Sanches, anunciar que, com ele, a empresa poderia em alguns anos ultrapassar a eterna líder de mercado Volkswagen. Sanches exaltava que seu novo carro seria um projeto totalmente original, diferentemente de seus concorrentes, como a Ford, por exemplo, que acabava de apresentar o novo Del Rey – nada mais que um Corcel "melhorado" e mais luxuoso.

O ano de 1982 se inicia com o "Projeto J" já lançado na Europa e nos Estados Unidos. Apesar disso, a GMB fazia os testes com os protótipos ainda camuflados, para esconder os pequenos detalhes exclusivos do modelo brasileiro. Além da escolha pelo nome Monza, já havia algumas certezas em torno do veículo: como era esperado, a carroceria seria de fato hatchback com duas portas (uma preferência do consumidor brasileiro na época) e o motor seria transversal com tração dianteira, uma novidade e tanto na GMB, que sempre utilizou motor dianteiro e tração traseira em seus veículos.

Em fevereiro, a empresa já contava com as 50 primeiras unidades do Monza recém-saídas da linha de montagem. Eram os modelos pré-série, que passavam pelos últimos ajustes no campo de provas de Indaiatuba. Tratado como a principal novidade da indústria automobilística brasileira para aquele ano, o lançamento ocorreria ainda no primeiro semestre de 1982.

O LANÇAMENTO

Finalmente, no dia 20 de abril acontece no campo de provas da Cruz Alta, em Indaiatuba, a apresentação para a imprensa do aguardado Monza. Apesar de todo o mistério, o carro era muito parecido com os modelos de outros países onde fora lançado anteriormente – Estados Unidos, Austrália, Nova Zelândia, Japão e África do Sul. Como esperado, a carroceria era no formato hatchback com duas portas (alguns chamavam de três portas devido à enorme tampa do porta-malas) e duas

Acima: propaganda do Monza.
Abaixo: dois exemplares da versão SL/E. À esquerda, com roda de alumínio (opcional) e, à direita, com roda de ferro.

versões: Monza e Monza SL/E; este último se diferenciava externamente por vir com um friso lateral (borrachão), similar ao já usado pelo Opala e pelo Chevette, com o nome "Monza SL/E" escrito na porta, próximo ao para-lama, na mesma posição em que vinha escrito apenas "Monza", sem o friso, no modelo mais simples. Para alegria de muitos, o Monza não substituiu o Opala como havia sido noticiado em alguns veículos de comunicação. Mas, sim, passou a ser uma opção intermediária entre ele e o pequeno Chevette.

Inspirado no Opel Ascona alemão, seu estilo era moderno e muito belo, bem diferente dos carros produzidos no Brasil na época. Porém, diferentemente de seu precursor alemão, com quatro portas, aqui no Brasil o carro foi fabricado apenas na versão duas portas, com uma grande área envidraçada, que oferecia boa visibilidade. A dianteira possuía faróis trapezoidais, com um pisca na parte lateral e, entre eles, a grade do motor na cor preta, um pouco mais estreita que os faróis, com um friso cromado na parte superior e, ao centro, a "gravata" Chevrolet na cor azul.

Visto de lado, suas linhas aerodinâmicas eram facilmente percebidas. Sua frente era baixa e ligeiramente caída, com o

A origem

para-brisa bastante inclinado e a traseira descendo levemente, em um corte abrupto e reto, característica dos veículos hatchback de dois volumes. Entre as janelas laterais traseiras e dianteiras havia uma larga coluna preta, onde ficavam localizadas as saídas de ar do interior do carro. A traseira apresentava uma grande tampa, que dava acesso ao enorme porta-malas. As lanternas, de boa dimensão, eram caneladas e predominantemente vermelhas, com exceção da luz de ré ao centro. Na tampa, dois emblemas cravados: "álcool" (o modelo a "gasolina" não possuía emblema) no lado esquerdo e "Chevrolet" no lado direito.

O Monza nacional era o único no mundo equipado com quebra-ventos nas portas, atendendo a uma exigência específica do consumidor brasileiro. O projeto do carro contava ainda com entradas e saídas de ar na carroceria, aproveitando as áreas de sucção provocadas pelo deslocamento do carro e oferecendo boa ventilação aos ocupantes. No fim das contas, o quebra-vento acabou se mostrando totalmente dispensável.

A abertura do tanque de combustível ficava do lado direito da carroceria, na parte traseira, sendo que o Monza utilizava a mesma chave para todas as fechaduras e para a tampa do tanque. Os para-choques, de aço, eram recobertos de polipropileno preto, modificado com elastômetro, um componente resistente à corrosão e às pequenas batidas, além de mais leve. Tanto o dianteiro quanto o traseiro eram envolventes e invadiam a lateral até a abertura das caixas de rodas. As peças apresentavam também um pequeno friso cromado na parte superior e, aliado a um spoiler abaixo do para-choque dianteiro, formavam um conjunto de aspecto bonito e ao mesmo tempo bem agressivo.

As rodas vinham em duas versões: a normal de ferro e a de alumínio (opcional); esta última tinha uma pequena calota ao centro, que encobria os parafusos. Já as cores disponíveis para a carroceria eram: Branco Everest, Preto Formal, Bege Claro, Verde Claro, Marrom Bronze Metálico, Prata Escuro Metálico, Prata Azulado Metálico e Azul Metálico. As cores metálicas eram opcionais em ambas as versões.

O Monza foi o lançamento brasileiro mais importante desde 1976, quando a Fiat apresentou o pequeno 147 como virtual concorrente do Fusca, e que tinha na época como principal novidade o motor transversal. Mesmo com a pequena cilindrada, tinha um desempenho adequado, além de bom espaço interno (apesar de parecer pequeno externamente) e baixo consumo de combustível.

O Monza trouxe ao Brasil novos padrões de beleza e tecnologia, além de muitos itens vindos do Ascona na Alemanha, país onde o nível de exigência do público na época era bem maior que o brasileiro.

Apesar de ser um carro de porte médio, seu espaço interno era muito bom, melhor até que alguns carros com dimensões mais avantajadas, graças à grande distância entre eixos e a disposição transversal do motor, que ocupava menor espaço no seu habitáculo – uma ótima solução desenvolvida pela GM. Já que a parte da frente era pequena, consequentemente sobrava mais espaço para os passageiros e para a bagagem.

O acabamento era muito bom também, sendo que a versão SL/E vinha com assoalho acarpetado e bancos e laterais forrados em curvin. Os bancos dianteiros tinham formato anatômico, que assegurava bom apoio à coluna vertebral. Já os passageiros do banco de trás dispunham de bom espaço para as pernas, além de descanso para os braços e cinzeiros embutidos nos painéis laterais. Vale lembrar que, na época, ainda sem o advento das leis antitabagistas, um veículo com cinzeiro, tanto na frente quanto atrás, e o acendedor de cigarros eram componentes que agregavam ainda mais valor de venda aos veículos.

O volante era acolchoado e com quatro raios, tendo o botão de buzina ao centro e, logo atrás dele, duas alavancas: a da esquerda acionava o pisca, o lampejador e o comutador de faróis; a da direita, o limpador de para-brisa, com temporizador de duas velocidades, e o lavador de para-brisa. Quando empurrado para frente, ligava o limpador traseiro (de linha no modelo SL/E, e opcional no Monza); quando pressionado em direção ao volante, acionava o lavador traseiro.

O painel tinha o formato côncavo, contendo um bom conjunto de instrumentos, comandos e itens de conforto, projetados ergonomicamente e distribuídos de forma harmoniosa e funcional. Bem à frente do motorista havia um retângulo, onde ficava instalado o velocímetro no centro, com velocidade graduada até os 200 km/h, além do hodômetro total e parcial. Do lado esquerdo, o marcador do nível de combustível, pequeno e no formato retangular, tendo logo abaixo luzes de advertência para lanterna ligada, pressão de óleo do cárter e pisca-pisca. Do lado direito, do mesmo tamanho, o mostrador da temperatura da água do motor

O Monza básico tinha acabamento mais simples: por fora, vinha sem o borrachão na lateral e sem o friso cromado nos para-choques.

A origem

e, logo abaixo, luzes espia da falha do sistema de freio, freio de mão puxado e carga da bateria. Esses instrumentos foram projetados de forma a impedir que reflexos pudessem prejudicar a leitura.

Ainda no painel, do lado esquerdo havia uma saída de ar orientável. Logo abaixo ficava localizado o botão que ligava as lanternas, os faróis e a luz interna; mais abaixo, o comando do afogador e o regulador de intensidade de luz do painel. Acima, do lado direito, duas saídas de ar orientáveis e, mais abaixo, o relógio redondo (no SL/E). Ao seu lado, o local para instalação do rádio (opcional) e, abaixo, os comandos deslizantes que acionavam o sistema de ventilação e comando de ar quente, que direcionavam o fluxo para os pés ou em direção ao para-brisa (útil para o desembaçamento em dias de chuva). Ao seu lado, o botão que ligava o motor de ventilação forçada (três velocidades), com o botão de pisca alerta e o que acionava o desembaçador do vidro traseiro (opcional). Havia também um console na frente da alavanca de câmbio, que podia acomodar pequenos objetos.

Eram também opcionais em ambas as versões do Monza os bancos altos com encosto reclinável pelo processo milimétrico, cintos de segurança retráteis de três pontos, vidros verdes, espelhos retrovisores externos com controle interno, ar quente, sistema de ignição eletrônica

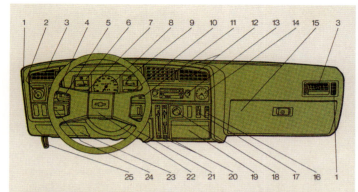

A localização dos comandos e instrumentos obedece a um critério lógico e funcional.

1. Difusores para desembaçamento dos vidros das portas
2. Interruptor das luzes
3. Difusores laterais de ar
4. Potenciômetro de rádio
5. Alavanca dos sinalizadores de direção, do lampejador do farol e do farol alto
6. Indicador de combustível
7. Grupo de indicadores luminosos
8. Velocímetro - odômetro - odômetro parcial
9. Indicador de temperatura da água do motor
10. Grupo de indicadores luminosos
11. Alavanca de acionamento do temporizador, lavadores e limpadores do pára-brisa e do vidro traseiro.
12. Difusores centrais de ar
13. Rádio
14. Relógio elétrico a quartzo
15. Porta-luvas
16. Interruptor do desembaçador elétrico do vidro traseiro
17. Botão do sinalizador de advertência
18. Botão do ventilador/desembaçador
19. Cinzeiro com acendedor de cigarros (embutido)
20. Alavanca de controle do desembaçador e ar quente (ou condicionador de ar, se equipado)
21. Volante da direção
22. Botão da buzina
23. Caixa de fusíveis
24. Botão do afogador
25. Maçaneta de trava do capuz

O completo painel do Monza.

(de linha no motor a álcool e opcional no motor a gasolina), pneus radiais e ar-condicionado. Já a cobertura (tampão) do compartimento das malas era de série no SL/E e opcional no Monza.

À esquerda: o luxuoso interior do modelo SL/E. À direita: os bancos altos e com regulagem milimétrica e o aparelho de rádio eram itens opcionais.

Abaixo: a janela traseira basculante era um item de série no SL/E.

As duas versões do Monza apresentavam itens bem interessantes e de grande utilidade na parte interna, que aumentavam seu conforto. Na parte superior do porta-luvas havia um lugar reservado para documentos. A caixa de fusíveis ficava sob o painel (à esquerda do motorista), o que facilitava a troca, pois era só tirar a tampa que todos eles ficavam à mostra. A janela traseira era basculante (normal no SL/E e opcional no Monza) e regulada pelo passageiro do banco de trás através de um botão giratório.

Em dias de chuva, as janelas laterais praticamente não embaçavam, já que contavam com duas saídas de ar fixadas nas extremidades do painel, direcionadas para os vidros laterais, que funcionavam independentemente da vontade do motorista.

O porta-malas tinha ótima capacidade, 597 litros, e oferecia o sistema de encosto do banco traseiro bipartido em ⅓ ou ⅔ (opcional em ambas as versões), que, dependendo da necessidade, poderia levar objetos mais compridos com mais um ou dois passageiros acomodados no banco traseiro. O encosto poderia ser totalmente abaixado, elevando sua capacidade para incríveis 1.178 litros. No assoalho do porta-malas ficava o estepe, preso por um parafuso central, e também uma borracha macia com um encaixe perfeito para macaco, chave de roda, chave de fenda, além de um conjunto para consertar pneu sem câmara. Como ficavam bem presos, não havia nenhum barulho com o carro em movimento.

Outro ponto positivo no Monza era a sua mecânica. O motor inaugurava uma nova geração de modernos propulsores da GM. Tinha quatro cilindros e, pela primeira vez num carro da Chevrolet brasileira, ficava instalado na posição transversal, com a tração nas rodas dianteiras. A principal característica desse motor era a economia de combustível, já que seu peso era reduzido devido à utilização de novas ligas, e também menos poluente

A origem

que outros veículos da época. O combustível podia ser movido a álcool ou a gasolina (na época não existia motor flex). Seu motor era 1.6, com potência máxima de 73 cv para gasolina e 72 cv para álcool, refrigerado a água, carburador simples e comando de válvulas no cabeçote de fluxo cruzado (admissão de um lado e escapamento de outro), cujo eixo dispensava regulagens, havendo também um ajustamento hidráulico das válvulas. A câmara de combustão tinha queima rápida, com velas localizadas no centro do cabeçote, obtendo-se um conjunto de alta taxa de compressão de 8,0:1 (gasolina) e 12,0:1 (álcool). Assim, além de consumir menos combustível, oferecia um bom rendimento.

O radiador era selado e de alumínio (não oxidava), tendo o ventilador elétrico controlado por termostato, e só funcionava quando o motor atingisse aproximadamente 90 °C. Além de menos ruído, este sistema proporcionava um aquecimento mais rápido em dias frios, outro fator que auxiliava na economia de combustível, principalmente na versão movida a álcool. Outra novidade era o distribuidor, colocado diretamente no eixo do comando de válvulas. Isso eliminava algumas engrenagens e perdas mecânicas e facilitava a manutenção, principalmente por estar localizado num lugar acessível.

O comando de válvulas ainda tinha uma característica própria, que facilitava muito suas futuras manutenções: poderia ser retirado do motor sem a necessidade de se extrair também o cabeçote. Outra facilidade para os mecânicos estava relacionada à embreagem, já que tanto o disco quanto o platô podiam ser trocados sem a necessidade de se remover o motor e o câmbio. O carburador era equipado com um

A enorme tampa traseira do Monza.

Os bancos traseiros bipartidos (opcional) aumentavam a capacidade de carga.

O moderno motor do Monza, primeiro Chevrolet brasileiro com o equipamento instalado na transversal.

circuito independente para a marcha lenta, que também facilitava a manutenção. Para evitar ruídos e aumentar a durabilidade, a árvore de manivelas era apoiada em cinco mancais, com oito contrapesos, reduzindo as possíveis vibrações do conjunto.

O câmbio era também transversal, com quatro marchas à frente e uma à ré. Era fabricado inicialmente no Japão, na fábrica Isuzu, a mesma que equipava o "Projeto J" em outras partes do mundo. Em compensação, o motor do Monza era fabricado em São José dos Campos e exportado para outros países. Além do motor do Monza brasileiro, eram fabricadas versões destinadas a outros mercados: o de maior cilindrada, 1.8, de 100 cv, e outros dois 1.6, porém com taxa de compressão diferente do nosso (devido à melhor qualidade da gasolina em outros países). Eram o 1.6 N, com taxa de compressão de 8,2:1 e 75 cv, e o 1.6 S, com 9,2:1 e carburador duplo, que desenvolvia 85 cv.

A suspensão dianteira era do tipo Mc-Pherson, independente, com molas helicoidais. Possuía também bandeja inferior (importada da Austrália), barra estabilizadora e amortecedores de dupla ação. Na traseira era usado o eixo rígido oscilante em forma de V, constituído por dois mecanismos especiais ligados por barra de torção. Este sistema combinava as vantagens do eixo rígido aos da suspensão independente. Quando a carga transmitia o impacto a esses mecanismos, o grau de inclinação e a rodagem permaneciam constantes, o que prolongava a vida dos pneus. Em velocidade, a reação do mecanismo era similar à suspensão independente.

A novidade na suspensão traseira é que ela funcionava em conjunto com novas molas helicoidais duplamente cônicas, tipo barril, de forma que os elos se encaixavam, ocupando menos espaço e obtendo os mesmos efeitos que as molas convencionais, porém com menos ruídos.

Outro ponto elogiado do Monza eram os freios dianteiros com discos ventilados

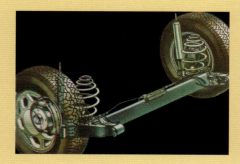

Suspensão traseira com molas em formato de barril, mais eficientes.

A origem

(mais eficiente que o simples do Ascona), que permitia um melhor resfriamento sob quaisquer condições de utilização, aumentando assim a vida útil das pastilhas. Atrás, os freios eram à tambor, autoajustáveis. O servo-freio garantia menor esforço do motorista nas frenagens.

Havia um interessante circuito duplo em diagonal (a roda dianteira esquerda estava ligada à traseira direita e vice-versa), com válvula equalizadora de pressão para cada circuito, garantindo frenagem segura e em linha reta. O circuito duplo era um item de segurança – se um circuito falhasse, o outro continuava funcionando. Assim, o motorista poderia guiar o carro até a autorizada mesmo com apenas um circuito funcionando. Outra novidade nos freios era o sistema de pinças deslizantes, sob pinos selados, que reduzia o contato das pastilhas com o disco quando o freio não estava sendo utilizado. Isso aumentava a durabilidade do conjunto e contribuía para economia de combustível.

A GMB soube se aproveitar da experiência de três anos da indústria automobilística brasileira com os motores a álcool e colocou no mercado o motor 1.6, considerado um dos melhores do país. Os engenheiros souberam ajustá-lo para funcionar bem com esse tipo de combustível. O carburador foi recalibrado e todo o sistema de alimentação que tinha contato com o combustível possuía peças niqueladas, que evitavam a costumeira corrosão. Outra novidade foi o Thermac, peça que funcionava como um sensor biométrico duplo instalado no filtro de ar, com o papel de controlar de forma eficiente a temperatura do ar na entrada do carburador em qualquer situação climática. Quando o motor era ligado ainda frio, o sistema captava o ar quente obtido pelo coletor de escapamento, assim o motor funcionava melhor durante o aquecimento, quando em temperatura normal de funcionamento o Thermac mantinha a mistura ar/combustível numa temperatura constante de 50 °C, o que ajudava a reduzir o consumo e evitar a perda de potência.

Antes do Monza, os demais veículos movidos a álcool tinham um botão instalado no painel, que o motorista podia apertar para injetar gasolina no carburador antes de funcionar, ajudando na partida do motor a frio. A GMB instalou um sensor de temperatura acoplado à chave de ignição, que fazia o serviço automaticamente,

A GMB conseguiu fazer do Monza um dos melhores veículos a álcool do país. O emblema "álcool" na traseira denunciava a versão.

dispensando o botão. Quando a temperatura externa estava inferior a 20 °C, ao primeiro contato da chave, o sensor controlava o volume exato de gasolina injetada do reservatório de gasolina. Assim, bastava puxar o afogador e dar a partida, facilitando a vida do motorista.

Apesar de moderno, no dia a dia o motor 1.6 não se mostrava suficiente para deslocar os quase 1.100 kg do carro. Com isso, a velocidade máxima não passava dos 148 km/h, e acelerava de 0 a 100 km/h em 17 segundos. Em desempenho, o Monza se mostrava inferior até com relação aos seus concorrentes de concepção mais antiga, com motores de mesma cilindrada (1.600 cm³). O Corcel, que nunca teve o desempenho forte, atingia os 149 km/h, enquanto o Passat era o melhor dos três, atingindo 155 km/h. Mesmo em relação à potência, o Chevrolet ficava para trás. O Corcel, mesmo com motor mais desatualizado (com comando de válvulas na lateral), desenvolvia 90 cv, enquanto o Passat, com motor um pouco mais moderno, tinha 96 cv.

Isso quase acabou com a reputação do bom projeto e acendeu um sinal de alerta dentro da GMB, que estava cometendo o mesmo erro do Volkswagen Gol, equipado inicialmente com o anêmico motor a ar do Fusca de 1.300 cm³. O Monza era moderno e com boa tecnologia embarcada. Já naquela época, um bom desempenho era um item importante para o consumidor, que não queria ver seu carro ficando para trás numa estrada. Atenta a esse detalhe, a empresa prometia um motor mais potente para breve. Inclusive, no meio do ano, a imprensa especializada já flagrava testes da GMB com Monza três-volumes e, possivelmente, com motor 1.8.

Mais um item em que o Monza se sobressaía com relação à concorrência era a segurança de seus ocupantes em caso de acidente. A carroceria do tipo monobloco era dimensionada para absorver grande parte da energia gerada pelo impacto através de uma deformação progressiva, protegendo, assim, o espaço destinado aos passageiros. O tanque de combustível ficava instalado longe de áreas mais sujeitas a choques e deformações. O interior do carro não possuía arestas e nem pontos contundentes. Já a coluna de direção era do tipo absorvente e não penetrante,

Apesar de moderno, o motor 1.6 se mostrava insuficiente para o carro, cuja velocidade máxima não passava de 148 km/h.

A origem

evitando, assim, lesões no tórax do motorista em caso de colisão frontal.

O Monza entrava no mercado na categoria de médio-pequeno porte, onde havia dois representantes de sucesso: o Corcel e o Passat. No mercado desde 1968, um pouco antes do Opala, o Ford Corcel já era um grande conhecido do brasileiro, e, desde o início, se mostrou um grande sucesso de vendas. Tinha inicialmente a carroceria de quatro portas, e meses depois, passou a disponibilizar a de duas portas. A família crescia em 1970 com o lançamento da versão perua, chamada Belina, e em 1972 com o esportivo GT. Em 1977, a linha Corcel ganhou uma nova carroceria e um "sobrenome", passando a se chamar Corcel II e Belina II. Em 1981, ganhou uma versão mais luxuosa e sofisticada chamada Del Rey. Já em 1982, ano do lançamento do Monza, a linha Corcel era considerada ultrapassada no mercado. Apesar disso, as vendas iam bem e a Ford dava indícios de que ainda o fabricaria por um bom tempo.

O Passat foi um dos grandes acertos da Volkswagen. Lançado em 1974, apresentou como grande novidade o motor refrigerado a água (até então, todos os veículos da empresa eram refrigerados a ar). Sucesso no mercado nacional também desde os primeiros anos, o Passat possuía carroceria tipo hatchback com duas ou três portas. Em 1976, a Volkswagen lançou o cobiçado esportivo TS, um verdadeiro sonho de consumo da época. No ano seguinte, foi a vez do luxuoso LSE. Em 1979, o carro passou por uma reformulação, ganhando nova frente com faróis quadrados. Coincidentemente, em 1982, ano do lançamento do Monza, o Passat ganhou um motor 1.6 mais potente, substituindo o antigo 1.5, mas a Volkswagen sentiu a pressão do lançamento do novo Chevrolet e prometeu mudanças para o Passat em breve.

O Monza foi muito bem aceito no mercado durante os oito primeiros meses em que foi comercializado, vendendo 8.876 veículos a álcool e 24.869 a gasolina, totalizando 33.745 unidades. Como comparação, o Opala vendeu durante todo o ano 8.838 unidades, e o Chevette, 62.269, nas versões sedã e hatch. Quanto aos concorrentes, o Passat, o Corcel e o Del Rey venderam em 12 meses 43.363, 41.943 e 30.070 unidades, respectivamente. O Monza já era um sucesso e prometia boas vendas em 1983, ainda mais com os lançamentos das novas versões prometidas.

O Passat, à esquerda, e o Corcel II, à direita: concorrentes do Monza na época.

CAPÍTULO 2

A EVOLUÇÃO DOS MODELOS

1983 – TRÊS-VOLUMES

A GMB agiu rápido e, ainda no final do ano de 1982, já disponibilizava o motor 1.8 no Monza a gasolina. Dessa forma, a empresa procurou corrigir um dos únicos pontos que não agradava seus compradores, a falta de um motor mais forte e mais torque para as ultrapassagens. Só havia um problema nessa história: as reclamações que viriam de quem havia acabado de comprar o veículo equipado com o motor 1.6.

Com motor maior, o Monza custava um pouco mais caro. Mas valia a pena, pois eram 11 cv a mais, além de mais torque e um desempenho condizente com um veículo tão moderno. Durante algum tempo, a GMB disponibilizou os dois motores movidos a gasolina para a escolha do comprador, sendo que o de maior cilindrada era o mais procurado nas revendas. Já o motor movido a álcool só era oferecido na versão 1.6.

A maior cilindrada foi obtida através de um aumento do diâmetro dos cilindros de 80 para 84,8 mm, que passou assim de 1.598 cm³ para 1.796 cm³. Já o curso dos pistões não foi alterado, continuando com 79,5 mm, e a taxa de compressão também foi mantida (8,0:1). A alimentação continuava por carburador de corpo simples, mas a engenharia da empresa alterou algumas regulagens e recalibragens; ou seja,

Propaganda do novo Monza 1.8.

A evolução dos modelos

O novo motor 1.8 do Monza.

o giclê e o venturi ficaram maiores. Dessa forma, o motor teve uma melhora na potência de 75 para 86 cv, além de 2,1 mkgf a mais de torque (14,5 mkgf no 1.8 contra 12,4 mkgf do motor 1.6).

Ao dirigir o novo Monza, o motorista acostumado com o antigo motor logo sentia a diferença: o carro era bem mais ágil – o 1.6 levava 17 segundos para atingir os 100 km/h, enquanto o 1.8 diminuiu sensivelmente esse tempo para 14 segundos. A retomada de velocidade também melhorava muito: saindo em quarta marcha dos 40 km/h, o 1.6 atingia os 100 km/h em 24,43 segundos, diminuindo para 20,32 segundos no 1.8. Na prática, o novo Monza realizava ultrapassagens bem mais seguras, sanando a principal queixa dos consumidores.

Obviamente, o consumo de combustível aumentava um pouco. Enquanto o antigo fazia 14,37 km por litro de gasolina na estrada só com o motorista, na mesma situação, o 1.8 fazia 13,20 km por litro. Apesar de consumir mais, a aprovação dos consumidores foi quase unânime com relação ao motor de maior cilindrada, refletida no aumento considerável das vendas.

O Monza 1.8 não sofreu nenhuma mudança em relação ao modelo 82. Para os mais atentos, apenas dois pequenos detalhes o diferenciavam do 1.6: a alavanca de câmbio 25 mm mais curta e um emblema "1.8" na tampa traseira, instalado no lado esquerdo, denunciando a nova cilindrada. No mercado de usados, alguns proprietários do Monza 1.6 colocavam o emblema "1.8" na tampa traseira, aumentando um pouco o valor de revenda do carro, já que era muito difícil ao comprador comum identificar ou descobrir se estava levando "gato por lebre".

Também em 1983 a revista *Autoesporte* promoveu a 17ª Eleição de Carro do Ano, tradicional concurso realizado entre os modelos existentes oferecidos em nosso mercado, conduzido por jornalistas especializados do setor. O Monza foi o grande vencedor, recebendo elogios da imprensa automobilística e ilustrando a reportagem de capa na edição 220 da revista, assim como um teste completo das três versões disponíveis: 1.6 a álcool, 1.6 a gasolina e 1.8 a gasolina. A publicação também trouxe em primeira mão uma pesquisa de opinião junto aos donos do modelo. A grande maioria elogiou e afirmou estar satisfeita com o carro. Entre as principais críticas, somente a falta da quinta marcha e do conta-giros no painel poderiam ser melhorados, segundo eles.

De acordo com a revista, "a equipe da *Autoesporte* destacou os aspectos de segurança, conforto, tecnologia e versatilidade do projeto. Além disso, outros detalhes contribuíram para que a escolha recaísse no Monza, como, por exemplo, as linhas modernas, sua capacidade para o transporte de bagagem, espaço interno, painel de instrumentos com boas informações, etc.". Os testes destacaram ainda a boa aerodinâmica, o rodar macio, o silêncio e o conforto, além da boa elasticidade do motor.

A imprensa de modo geral, não apenas a especializada em automóveis, destacou o lançamento do carro mundial da GM como um marco na modernização da nossa indústria automobilística.

Ao mesmo tempo, a GMB preparava em segredo dois protótipos do possível lançamento futuro da perua Monza; um deles com duas portas e o outro com

O Emblema "1.8" na tampa traseira denunciava a nova cilindrada do motor.

A evolução dos modelos

quatro portas. Foi realizada uma pesquisa de opinião pelo Instituto de Estudos Sociais e Econômicos nas dependências do Clube Monte Líbano, em São Paulo, durante 13 dias, para 3.000 seletos convidados com o intuito de verificar a reação e a opinião das pessoas sobre estes novos veículos. Até hoje, não se sabe o resultado deste estudo, mas uma coisa é certa: a versão perua do Monza nunca passou da fase de protótipo e jamais entrou em produção, existindo apenas no mercado de veículos fora de série uma versão criada pela Envemo (Engenharia de Veículos e Motores de São Paulo): uma perua Monza chamada de Camping, com poucas e raras unidades produzidas.

A Envemo produziu ainda o Monza Plus, que contava com alterações estéticas na dianteira a partir da instalação de quatro faróis quadrados e frente "bicuda", baseado no design do Pontiac 2000, o "J" da Pontiac americana, além de novo capô do motor, para-choques, apliques (saias) laterais e aerofólio traseiro em fibra de vidro (uma bonita e cara alteração, ao custo de pouco mais de 1 milhão de cruzeiros na época, sendo que o preço do Monza SL/E girava em torno de 3.500.000 cruzeiros).

Em abril de 1983, a GMB apresentou outra grande novidade, a versão sedã, também conhecida como três-volumes (compartimento do motor, habitáculo dos passageiros e porta-malas separados). Porém, contrariando o gosto do público brasileiro, a empresa optou por oferecer inicialmente apenas a versão com quatro portas, ainda pouco aceita pelo comprador na época. A intenção em fabricar o Monza na versão com quatro portas era a possibilidade de exportação, já que, diferente do consumidor nacional, o Europeu já demonstrava ampla preferência pelos modelos com quatro portas. Com isso, a empresa também apostava no futuro, uma vez que o brasileiro começa a se render ao maior conforto do acesso aos passageiros de trás e, em pouco tempo, a aceitar melhor modelos como esse. O Monza foi um dos responsáveis por essa mudança no gosto dos brasileiros, pois, além de prático e confortável, era muito bonito, com linhas mais harmônicas que a versão hatchback de duas portas.

Além das portas traseiras, o Monza sedã trouxe outras novidades: o câmbio com cinco marchas, vidro com acionamento elétrico nas portas dianteiras e direção hidráulica, mas apenas como itens opcionais, que se estenderam ao hatchback na sequência. A ventilação interna era melhor, já que a janela da porta traseira podia ser abaixada. Na parte mecânica, as únicas mudanças em relação ao hatchback eram as molas traseiras 8 mm mais altas e os amortecedores dianteiros recalibrados.

Capa da revista *Autoesporte*, com destaque ao título "Carro do Ano" para o Monza.

Novo Monza sedã. O veículo, bem-aceito pelo público, logo se tornaria preferido em relação ao hatchback.

Clássicos do Brasil

À direita: novo Monza sedã (de três volumes). O consumidor começava a aceitar melhor os carros com quatro portas.
À esquerda e acima: o interior do Monza SL/E. Note os botões de acionamento dos vidros elétricos dianteiros (opcional) no console.
À esquerda e abaixo: a boa capacidade de carga do Monza sedã.

O câmbio de cinco marchas só estaria disponível para o Monza equipado com motor 1.8. Com isso, o veículo se tornava mais econômico, principalmente na estrada, mas seu desempenho era ligeiramente prejudicado nas retomadas de velocidade, pois, na realidade, o item era uma sobremarcha, desmultiplicada, visando em primeiro lugar minimizar o consumo de combustível maior do 1.8. Foi um opcional muito bem aceito pelos consumidores. Vale citar que seu principal concorrente, o Corcel II, já oferecia a 5ª marcha desde 1981.

No novo Monza, as portas dianteiras eram menores que as do modelo com duas portas. Mas o setor de estamparia ainda não estava pronto para fabricá-las.

Por esse motivo, elas foram inicialmente importadas do Opel Ascona alemão. Dessa maneira, elas não vinham com quebra-vento, já que na Europa esse acessório não era usado por prejudicar a aerodinâmica quando abertos e facilitar os furtos, já que eram facilmente abertos. Mas o consumidor brasileiro exigia, o que fez a GMB prometer o acessório para breve. As portas traseiras, por sua vez, vinham com travas que, quando acionadas, não podiam ser abertas por dentro, oferecendo maior segurança às crianças.

Em todo o restante, o Monza sedã era o mesmo do hatchback: motor de 1.6 ou 1.8 a gasolina ou 1.6 a álcool, com desempenho e consumo idênticos.

A evolução dos modelos

O modelo disponível era o SL/E e entrava no mercado para concorrer com o Passat LSE e o Ford Del Rey, mas também atingia os compradores do Opala, aumentando os boatos de que ele, em breve, sairia de linha.

O ano de 1983 foi muito bom para o Monza. O três-volumes e o novo motor 1.8 deram uma turbinada nas vendas. No total, 55.090 veículos encontraram novos donos de janeiro a dezembro, fazendo do veículo um grande sucesso de vendas. Nesse ano, pela primeira vez, a versão a álcool foi maioria (do total vendido, 46.515 unidades eram a álcool). A versão três-volumes já mostrava força no mercado e perdeu por pouco para o hatch. Mas, levando-se em consideração que o sedã só começou a ser vendido a partir de abril, pode-se dizer que depois disso ele foi mais procurado que a versão hatch.

Quanto aos concorrentes, o VW Passat sofreu um "facelift", ou seja, uma reestilização: a frente ganhou quatro faróis e o painel de instrumentos foi redesenhado, mas as vendas continuavam em queda (durante o ano, apenas 36.550 unidades foram comercializadas). O Ford Corcel também não ia muito bem, vendendo só 25.634 unidades. Em contrapartida, o Ford Del Rey se deu melhor, com 39.640 veículos.

Já um sucesso de vendas, no dia 2 de maio de 1983 o Monza comemorava a fabricação do 50.000º veículo.

1984 – TRÊS-VOLUMES DE DUAS PORTAS

O veículo de quatro portas aos poucos ia conquistando o consumidor, porém, a preferência do mercado ainda era pelos modelos com duas portas. Por esse motivo, a GMB decidiu lançar no final de 1983, já como modelo 1984, a versão três-volumes com duas portas. Da metade pra frente o veículo era idêntico ao hatchback, inclusive com as mesmas portas e quebra-vento instalados. Também não houve nenhuma mudança interna e nem na mecânica. Com ele, a GMB conseguia

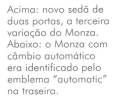

Acima: novo sedã de duas portas, a terceira variação do Monza. Abaixo: o Monza com câmbio automático era identificado pelo emblema "automatic" na traseira.

Em setembro, mais uma importante novidade mecânica: o câmbio automático opcional, apenas para os veículos equipados com motor 1.8, um excelente item de conforto para o motorista que não se importava em pagar a mais por ele e com o aumento de 10% em média no consumo de combustível. Por fora, a única diferença do modelo normal era o emblema "automatic" na tampa traseira. Por dentro, a nova alavanca de câmbio vinha com as seguintes indicações: P ("parking", usada quando o carro estava estacionado), R (marcha a ré), N ("neutral" ou ponto morto), D ("drive", marcha à frente, mais longa), 2 (segunda marcha) e 1 (primeira marcha). À noite, ao acionar as luzes do veículo, essas letras e números se iluminavam, ajudando na leitura.

Para o motorista acostumado com o câmbio mecânico era necessário um tempo de adaptação, já que alguns macetes para a utilização do automático só eram adquiridos com o tempo. Na hora da partida, a primeira diferença é que a alavanca deveria estar na posição N e o motorista com o pé no freio; aí sim podia-se girar a chave e dar a partida no motor. Este "ritual" tinha um motivo, a segurança. Caso contrário, o carro poderia entrar em movimento indevidamente e causar acidentes.

Com o veículo em movimento, a perna esquerda do motorista tinha que ficar "inutilizada", caso contrário, no reflexo de

atingir uma fatia maior de mercado, agora com três versões de carroceria: hatchback e sedã com duas ou quatro portas.

Em março de 1984, a novidade foi a disponibilidade do motor 1.8 também na versão movida a álcool, baseado no motor de mesma cilindrada a gasolina, com algumas soluções do 1.6 a álcool, como a válvula Thermac, o carburador niquelado, a maior taxa de compressão e o sistema de partida a frio. O resultado foi muito bom, com a potência subindo para 96 cv e o fim das queixas dos motoristas com relação ao desempenho e à falta de força do antigo motor. Com o novo motor 1.8, a velocidade máxima passou para 165 km/h, acelerando de 0 a 100 km/h em 13,13 segundos.

A evolução dos modelos

pisar na embreagem, esta perna acionaria fortemente o freio, com consequências nada agradáveis.

No uso normal, o comando mais utilizado era o D, em que todas as três marchas à frente eram usadas. Mas, em ladeiras ou subidas íngremes de serra, por exemplo, poderia ser usado o 2, no qual funcionavam a 1ª e 2ª marchas. Ou ainda, em condições extremas, o 1, em que só a primeira marcha era usada.

Outro item que deveria contar com a atenção e o cuidado do proprietário para sua boa manutenção era o carburador, já que o veículo automático só funcionava bem quando ele estivesse adequadamente regulado. Caso a marcha lenta estivesse em baixa rotação, o motor poderia apagar toda vez em que o carro parasse no trânsito pesado, causando transtornos. Ao contrário, se estivesse mais acelerado que o normal, a tendência do carro era andar, obrigando o motorista a segurar o carro no freio quando estivesse parado num farol, por exemplo.

Vale lembrar que o carro deveria permanecer no D o tempo todo, mesmo com o veículo parado. Por esse motivo, o Monza automático funcionava melhor quando equipado com motor a gasolina, já que no caso do álcool as impurezas deste combustível dificultava a sua perfeita regulagem, além de demandar o aquecimento do veículo antes de sair da garagem, para evitar trancos, "morridas" do motor e não forçá-lo desnecessariamente, correndo o risco de comprometer a durabilidade do câmbio automático.

Na estrada, no momento de uma ultrapassagem rápida, para o motor ganhar giro era necessário diminuir a marcha no carro de câmbio mecânico.

A linha Monza sofreu poucas mudanças em 1984. Na imagem, o Monza básico sedã de duas portas.

No caso do Monza automático, o motorista deveria pisar fundo no acelerador; dessa maneira, imediatamente o câmbio reduziria uma marcha, que era chamado de "kickdown", acionado também por um botão no assoalho sob o pedal do acelerador. Ao terminar a manobra, bastava aliviar o acelerador para que o carro voltasse à marcha mais alta.

De maneira geral, depois que o motorista se acostumasse, com o carro bem regulado, o prazer de dirigir este tipo de veículo compensava o maior cuidado que ele exigia.

O desempenho do Monza automático era um pouco inferior ao mecânico, com velocidade máxima de 157 km/h e com aceleração de 0 a 100 em 14,3 segundos, devido ao fato de o câmbio ter apenas três marchas à frente e relação final mais curta. Em viagens a mais de 100 km/h o ruído do motor era um pouco mais alto, pois alcançava um giro maior.

O Monza automático era um carro muito confortável para ser usado na cidade e ainda uma novidade comemorada por quem era portador de deficiência física (inclusive, este era um importante mercado para a empresa na época). Desde a saída do Dodge Polara automático em 1981, não tínhamos opções de veículos menores e mais econômicos com câmbio automático.

O ano de 1984 foi marcado por importantes lançamentos da nossa

Hatchback SL/E 1984.

A evolução dos modelos   59

Com a chegada do três-volumes, o hatchback perdeu espaço nas vendas do Monza.

indústria automobilística, como o Ford Escort, o Fiat Uno e o Volkswagen Santana, que nada mais era do que o Passat em sua segunda geração (que na Alemanha substituiu a primeira geração). No Brasil, o Passat primeira geração continuava em atividade e vendia bem. Com isso, a Volkswagen decidiu então fabricar o Passat de segunda geração, chamado Santana, apresentado nas versões sedã de duas ou quatro portas e, futuramente, uma perua com cinco portas, a Quantum. Passat e Santana dividiram as linhas de montagem da Volkswagen em São Bernardo do Campo, em São Paulo, durante mais alguns anos ainda.

As dimensões do Santana se assemelhavam às do Opala. O comprimento do representante da VW era de 453,7 cm, enquanto o concorrente da Chevrolet tinha 457,5 cm. Portanto, não concorreria diretamente com o Monza, que media 436,6 cm. Todavia, naquela época, diferentemente dos dias de hoje, não havia tantas opções no mercado para a escolha do consumidor. Muitas vezes a semelhança de preço, a motorização ou itens de conforto faziam com que as fábricas brigassem pelo mesmo consumidor, mesmo com produtos de tamanhos diferentes. Prova disso é que a revista *Quatro Rodas* na edição de julho de 1984 realizou um teste comparativo entre os veículos de luxo do Brasil: o Santana CD, o Diplomata, o Monza SL/E e o Del Rey Ouro, com 449,8 cm.

A imprensa especializada e o consumidor cobravam da GMB novas variações do Monza, como um modelo mais sofisticado, um esportivo e, ainda, uma perua. A empresa prometia novos produtos para breve, mas agia com cautela.

O Passat ganhou novas denominações: Special (modelo de entrada), Village (mais luxuoso, com duas portas), Pointer (esportivo) e Paddock (o mais caro da linha, com quatro portas), além da grande novidade com o motor de maior cilindrada (1.8) que equipava o Pointer. Mas as mudanças não surtiram muito efeito, vendendo apenas 17.475 veículos durante o ano. O Corcel, que estava entrando em seus últimos anos de produção, vendeu somente 10.928 unidades. Já o Del Rey continuava bem, mas também começava a perder fôlego, com 28.114 unidades.

Em compensação, pelos lados da GMB os números eram motivo de alegria e muitas comemorações. Pela primeira vez na história da indústria automobilística brasileira, um carro não popular foi o campeão de vendas. O responsável pela proeza foi o Monza, que vendeu impressionantes 70.577 unidades. Antes dele, somente carros mais baratos foram campeões de vendas, como o Fusca, a Brasília e o Chevette. A título de comparação, o segundo colocado no ano foi o Gol (55.137 unidades), seguido pelo Fusca (53.539 unidades), depois pelo Chevette (51.586 unidades) e pelo Escort (50.617 unidades). Em resumo, foi um grande marco conquistado pelo Monza naquele ano.

Novo Volkswagem Santana, concorrente indireto do Monza SL/E.

A evolução dos modelos

1985 – MONZA "FASE II" E S/R

O ano de 1985 se iniciou com poucas novidades na linha Monza. A GMB ainda comemorava a liderança no mercado quando surpreendeu a todos realizando na metade do ano um "facelift" no carro, com algumas alterações e melhorias. O novo veículo ficou conhecido como "Monza 85 e meio", ou "Monza Fase II".

Por fora, a maior modificação foi na frente, que ganhou uma nova grade, com filetes horizontais mais largos, na cor preta, e com a entrada de ar dividida em três blocos. A gravata Chevrolet na cor azul continuava bem no centro da grade. O painel dianteiro, sob o para-choque, ganhou o mesmo layout da grade, com duas entradas de ar horizontais e ainda um acabamento de borracha preta na parte baixa, que o protegia em eventuais contatos com o chão. As mudanças, apesar de sutis, davam um aspecto mais agressivo ao carro.

A lanterna traseira passou a ter o segmento superior na cor âmbar, no intuito de destacar as luzes direcionais (piscas). Na lateral, a mudança foi nos espelhos retrovisores redesenhados, agora fixados diretamente nas colunas das portas. Já as maçanetas e as fechaduras passaram a ser pintadas de uma cor epóxi preta. Para quem optasse em comprar o Monza com rodas de ferro, a GMB passou a oferecer um novo jogo de calotas plásticas com elementos quadriculados, similares às do Opala 1985, que deixava o veículo com melhor aspecto.

As mudanças mais expressivas foram na parte interna do carro. O painel foi redesenhado, ganhando um aspecto mais moderno e sofisticado, agora mais parecido com a versão do Opel Ascona, com dois grandes mostradores redondos: à esquerda o luxuoso velocímetro, graduado até a velocidade de 220 km/h, englobando o hodômetro total e parcial; e à direita, do mesmo tamanho, o conta-giros com escala até 7.000 rpm, com faixa vermelha a partir de 6.200 rpm (indicando que, a partir dessa marca, o motor estaria sendo

O Monza ganhou uma remodelação na metade de 1985. A lanterna traseira passou a ter a parte superior na cor âmbar.

Na frente, a nova grade e o novo painel dianteiro davam um aspecto mais agressivo ao carro.

Outras novidades do Monza Fase II: novo retrovisor e novas calotas para quem comprasse o carro com rodas de ferro.

O volante de direção também era novo, agora parecido com o do Diplomata, com botão de buzina maior no centro, onde ficava impressa a identificação da versão SL/E no modelo de luxo. O console também recebeu mudanças na base, logo à frente da alavanca de câmbio, e agora contava com um nicho onde poderiam ser instalados quatro botões para acionamento dos vidros elétricos, além de um menor, responsável pela regulagem do espelho retrovisor externo elétrico, quando o carro tivesse esses opcionais. As travas das portas, com acionamento elétrico opcional, antes instaladas na parte superior (que facilitava a abertura das portas pelos ladrões), migrou para os painéis laterais, junto com a maçaneta interna. Este conjunto de opcionais elétricos do Monza ficou conhecido popularmente como "Trio Elétrico": vidros, travas e espelhos retrovisores externos com acionamento elétrico. Ainda hoje é comum os vendedores utilizarem essa denominação para indicar tais itens de conforto.

forçado). Entre eles havia quatro mostradores menores e retangulares: voltímetro, termômetro de água, econômetro (na realidade, um vacuômetro ligado ao coletor de admissão) e marcador do nível de combustível. As várias luzes espia também mudaram de lugar, ficando abaixo dos instrumentos (antes ficavam entre eles). Esse novo painel de instrumentos atendia os consumidores que se queixavam do painel "pobre" do modelo, além de se equiparar ao concorrente da Ford, o Del Rey, que possuía como diferencial um painel muito bonito e completo.

Os bancos também sofreram modificações e ganharam um toque a mais de luxo e conforto. Suas laterais ficaram mais envolventes e o encosto de cabeça dos bancos dianteiros, agora reguláveis, substituiu o antigo, que era parte integrante do encosto do banco. A parte de trás dos bancos dianteiros ganhou bolsas, para maior comodidade dos passageiros

A evolução dos modelos

foi deslocada para o centro do teto. A parte mecânica não sofreu nenhuma mudança e as opções continuavam as mesmas: duas ou quatro portas, além do hatch (três portas). As versões SL/E e básica também foram mantidas.

Com essas pequenas e importantes alterações estéticas e de conforto, o Monza ficou mais atualizado e agradou a maioria dos consumidores, exceto aqueles que tinham acabado de comprar o Monza 0 km 1985, que, com o lançamento do "Fase II", viram seu carro imediatamente ficar desatualizado e, como consequência, se desvalorizar.

O ano de 1985 ainda indicava um aquecimento no mercado de peruas. A Volkswagen já prometia a Quantum (versão perua do Santana) para breve, assim que iam atrás. Como item opcional, também eram oferecidos encostos para a cabeça nos bancos traseiros, além de um descansa braço escamoteável no centro, que transformava o banco inteiriço em duas confortáveis poltronas. A sofisticação poderia ser ainda maior com outros dois opcionais: para-sol do lado do passageiro, com espelho de cortesia iluminado, e luzes de leitura com facho direcional, tanto na traseira quanto na dianteira.

Outras novidades no veículo eram o teto, que ganhou um elegante revestimento de tecido, e a luz interna principal, que

Ao lado: o interior do Monza ganhou novo painel e volante redesenhado, além de bancos mais confortáveis.

Com as modificações, o Monza Fase II ficou com um visual mais moderno.

Clássicos do Brasil

O novo Monza S/R, um esportivo muito cobiçado no mercado.

Rodas exclusivas de liga leve do Monza S/R.

como a Fiat com relação ao Uno, que indicava que o novo utilitário poderia entrar no mercado no próximo ano. A GMB já fazia estudos para a perua Monza, mas o projeto estava atrasado.

Por alguma razão desconhecida, a versão perua jamais saiu da fase de protótipo, e o aguardado lançamento nunca ocorreu. Talvez porque a GMB produzia a Caravan, versão perua da linha Opala, que apresentava várias versões de acabamento e motorizações de quatro ou seis cilindros, câmbio de três, quatro ou cinco velocidades, além do automático, entre outros opcionais. Era, portanto, um carro já consagrado e com um público fiel.

Em setembro é apresentada a versão esportiva "puro sangue", chamada Monza S/R, para concorrer com veículos de apelo esportivo já consagrados, como o Gol GT, o Escort XR-3 e o Passat GTS Pointer. Esse novo carro tinha atributos suficientes para assustar ainda mais a concorrência. Para surpresa de muitos, a carroceria escolhida foi a hatch, já que o público na época demonstrava ampla preferência pelo modelo de três volumes. Como referência, em 1985, antes do lançamento do esportivo, o Monza hatch era responsável por apenas 7% do total de vendas do carro.

Visualmente, o S/R vinha com um grosso borrachão em toda a lateral, onde, na região da porta, se podia ler o nome "Monza S/R" próximo ao para-lama. A parte superior deste borrachão contava com um friso vermelho em toda a sua extensão, contornando os para-choques. Toda a parte inferior da carroceria era pintada de preto. Na parte da frente havia um spoiler preto com faróis de milha integrados. Na tampa do porta-malas, na traseira, era instalado um pequeno aerofólio também na cor preta. Outros detalhes do carro eram as rodas esportivas exclusivas com aro maior (14') e pneus de perfil baixo, espelho retrovisor na cor do carro, maçaneta da porta na cor preta e a ausência de frisos cromados nas borrachas do para-brisa e do vidro traseiro.

Equipado com motor 1.8, com potência de 106 cv (ou seja, 10 cv a mais que o Monza SL/E), seu desempenho era empolgante, atingindo facilmente a velocidade máxima de 173 km/h e acelerando de 0 a 100 km/h em 11 segundos. Apesar de ser um esportivo, a GMB não descuidou do conforto. O S/R saía de fábrica com

A evolução dos modelos

cobiçados bancos esportivos da marca Recaro, retrovisores externos com controle remoto e limpador de para-brisa traseiro. O painel era novo, o mesmo que já equipava o SL/E, mas com dígitos e grafia em vermelho reflexivo. O volante também seguia a mesma estética, com as letras "S/R" em baixo-relevo. Atrás do banco traseiro, como no hatch comum, estava o porta-malas de grande capacidade de carga (448 litros), que podia ser aumentado com o encosto do banco traseiro abaixado.

O aumento de potência do S/R foi conseguido através da substituição do carburador comum por outro de corpo duplo, troca do coletor de admissão, nova posição do silencioso e sistema de exaustão com maior diâmetro. Assim, a admissão e a saída dos gases ocorriam com mais facilidade, aumentando a eficiência do sistema de fluxo cruzado do motor. Como consequência, o motor emitia um ronco mais grosso, para alegria dos seus felizes proprietários.

Para melhorar o comportamento esportivo, a GMB instalou um câmbio de cinco marchas com relações mais curtas, privilegiando a aceleração. Além disso, a alavanca de câmbio foi reduzida em 25 mm, o que facilitava as mudanças mais rápidas de marchas, característica de acordo com um veículo desta categoria. A estabilidade do Monza sempre foi muito boa, mas era ainda mais eficiente no S/R, já que sua suspensão e seus amortecedores foram reforçados e recalibrados, ganhando também uma barra estabilizadora mais grossa. Os pneus eram mais largos e de perfil mais baixo, com as rodas fabricadas em liga leve.

Neste ano, entrou no mercado o Premio, um novo sedã versão três-volumes do recém-lançado Fiat Uno, que, apesar de ser menor que o Monza, entrava na concorrida categoria de sedã médio pequeno.

O Passat se "arrastava" no mercado e não recebia mais atenção nem da própria

Detalhes internos do Monza S/R. Acima: bancos esportivos da marca Recaro. Abaixo: painel de instrumentos com grafia em vermelho.

À esquerda: o novo Fiat Premio, versão de três volumes do Uno.
À direita: o novo visual do Del Rey.

Volkswagen, preocupada com seus sucessos mais recentes, como o Gol, o Voyage e o Santana. Apesar disso, a companhia realizou a última reestilização da linha Passat, que ganhou modernos para-choques envolventes, lanterna traseira com filetes pretos horizontais e novo painel. Mas a maior novidade foi o motor de maior cilindrada para o esportivo Pointer, agora um 1.8 de 99 cv, que podia levar o veículo à velocidade máxima de 173 km/h; este sim um concorrente direto para o Monza S/R. Apesar dessas novidades, as vendas despencavam, com apenas 10.620 unidades durante o ano.

O Corcel II e seu irmão Del Rey ganharam nova aparência, com a grade da frente redesenhada e fabricada em plástico injetado. O conjunto óptico também era novo, assim como as lanternas traseiras, agora maiores. Mesmo assim, as vendas do Corcel foram ínfimas – apenas 9.988 unidades –, provando que seu fim estava próximo. Já o Del Rey continuava com boa procura, e 34.252 unidades do carro encontraram novos donos naquele ano.

Pelos lados da GMB, era só festa. Em março foi comemorada a exportação para os Estados Unidos e para a Alemanha do motor número 600.000. Por mais incrível que possa parecer, o Monza conseguiu em 1985 a grande proeza de ser o carro mais vendido no Brasil pelo segundo ano seguido, consolidando o sucesso do modelo. Foram comercializadas nada menos que 75.133 unidades. Quando o carro foi lançado, nem mesmo as previsões mais otimistas esperavam esse fantástico desempenho de vendas. Em segundo lugar ficou o Gol, com 66.098 unidades, seguido por Escort, Chevette e Voyage, respectivamente com 56.621, 54.737 e 40.403 unidades.

1986 – MONZA CLASSIC

Com as marcas atingidas nos anos anteriores, o ano de 1986 se inicia com o Monza sendo um carro muito desejado pelos consumidores e tido como a compra mais inteligente e lógica. Eram oferecidas versões de carroceria e acabamento para todos os gostos e tipos de consumidores, além de contar com uma versão esportiva em sua linha. Mas a GMB ainda queria mais e, em fevereiro, lança a versão mais

A evolução dos modelos

Grandes frisos laterais, faróis de neblina e exclusivas rodas de liga leve raiadas do novo Monza Classic.

sofisticada da família: o Monza Classic, que logo se transformaria em um sonho de consumo.

Visualmente, o Classic se diferenciava pelas belas e exclusivas rodas raiadas esportivas (fabricadas em liga leve), largos frisos laterais pretos ou cinza, harmonizando com a cor do carro, com o nome da versão "Monza Classic" escrito em prata na porta, perto do para-lamas. Vários itens vinham na mesma cor dos frisos: para-choque, grade dianteira, maçanetas e fechaduras. O comprador podia escolher a versão duas ou quatro portas, com duas opções de cores sólidas (Preto Formal e Branco Everest) e outras cinco metálicas

Bancos em tecido navalhado do Classic.

encosto, além de encosto alto para a cabeça. Ao embutir o apoio de braço, sobrava espaço para acomodar um terceiro passageiro na parte central do banco de trás, porém, sem o mesmo conforto e sem o encosto de cabeça.

O Classic oferecia vários itens de série, que eram opcionais no SL/E, como: direção hidráulica, faróis de milha, luz de leitura para os ocupantes da frente e de trás, relógio digital, vidros e travas elétricas, rádio/toca-fitas estéreo, dispositivo interno para abertura do porta-malas e antena elétrica. O cobiçado ar-condicionado continuava como item opcional.

Na parte mecânica, o motor 1.8 era equipado com carburador de corpo duplo, o mesmo que já equipava o S/R. Entretanto, a fábrica informava que a peça contava com uma calibragem um pouco mais pobre, com 7 cv a menos que o esportivo, porém, 3 cv a mais que o SL/E. Eram exatos 99 cv, que conferiam um bom desempenho ao Classic, com velocidade máxima de 169 km/h, fazendo de 0 a 100 km/h em apenas 13,80 segundos. O câmbio era de cinco marchas, com relações idênticas às do SL/E, portanto, um pouco mais longas que as do S/R, privilegiando uma direção mais suave e menos esportiva, ou ainda o câmbio automático, oferecido como opcional.

O Classic era um dos carros mais caros do mercado, seu preço em abril de

(Cinza Urânio, Dourado Minas, Marrom Barroco, Verde Esmeralda e Prata Andino). Opcionalmente, poderia escolher o carro em duas tonalidades, também conhecidas como "saia e blusa"; ou seja, a parte de cima numa cor e a de baixo em outra cor. Eram elas: Prata Andino/Cinza Urânio, Dourado Minas/Marrom Barroco e, ainda, Azul Abaeté/Azul-claro.

Internamente, os bancos eram exclusivos, com novo revestimento num tecido navalhado similar ao do Opala Diplomata, o carro mais luxuoso da GMB. Havia quatro opções de cores: grafite, tabaco, preto ou areia. O banco traseiro tinha um apoio de braço escamoteável no centro do

A evolução dos modelos 69

1986 era de 127.214 cruzados e não tinha um concorrente direto na categoria, o que chegava mais próximo era o Del Rey Ghia, que custava 118.500 cruzados, porém era um projeto antigo e em declínio. O Santana CD era um concorrente mais próximo em termos de preço, pois, apesar de maior, custava 131.660 cruzados. Além disso, o carro da Volkswagen era tão moderno quanto o Monza. A título de comparação, o carro mais caro na época era o Chevrolet Diplomata, que custava 153.226 cruzados, e o mais barato, o Fusca, que custava 42.321 cruzados.

Este ano também foi marcado por grandes transformações. Com o intuito de ganhar mercado e racionalizar o uso de autopeças e de grupos motores entre as fábricas, a Volkswagen se uniu à Ford, nascendo assim a gigante Autolatina. Outra mudança que afetou todos os brasileiros foi o Plano Cruzado, criado pela equipe econômica do governo. A inflação teve seu fim decretado, mas, na vida real, tanto a base monetária quanto os gastos com o empreguismo estatal continuavam subindo, fazendo com que os preços ficassem congelados.

A consequência não tardou a chegar: começaram a faltar produtos e as empresas preferiram estocar sua produção a vendê-la com prejuízo. Logo, elas optaram por diminuir ou até mesmo parar a produção. Faltavam ainda insumos básicos, principalmente importados, exacerbando

O Monza Classic era um dos carros mais caros do mercado, porem foi bem aceito entre os consumidores de maior renda.

a dificuldade de produção. Em poucos meses a indústria automobilística enfrentava a escassez das peças que ela não fabricava. Quem tinha pressa, precisava pagar os automóveis com o preço acrescido de ágio, e todos que quisessem ter um carro, independentemente da pressa, precisavam fazer frente aos preços reais, pois o congelamento era falso. No final, todos acabavam pagando o tal ágio, já que havia um "preço de tabela" para o governo e um preço real praticado nas concessionárias.

A consequência de tudo isso foi sentida no Salão do Automóvel no final do ano, onde, pela primeira vez, nenhuma montadora brasileira participou, por reconhecer que não havia "clima" para isso. A solução foi um "Salão Internacional do Automóvel", com veículos importados apenas para exposição, sem comercialização, pois nesta época a importação de veículos era proibida. Após a mostra, todos os carros foram devolvidos aos países de origem.

Neste ano, a Autolatina passou a deter 62% do mercado de automóveis e pick-ups (41% era da Volkswagen e 21% era da Ford). A GMB ficou com 26% e a Fiat com 12%. Apesar disso, a GMB teve motivos de sobra para comemorar, pois, pela terceira vez consecutiva, o Monza novamente foi o carro mais vendido do Brasil em 1986, com 78.156 veículos comercializados, e ainda com crescimento de vendas em relação aos outros anos. Ninguém mais duvidava que o tetra poderia acontecer no ano seguinte. Em segundo lugar ficou o Escort, com 70.792 unidades, em terceiro, o Gol, com 68.265, em quarto, o Chevette, com 58.973 unidades. Neste ano, o Fusca sai de linha e deixa de ser fabricado, para voltar apenas em 1992. Dessa maneira, o Chevette hatch básico passou a ser o carro mais barato do Brasil.

Outro fato interessante ocorreu com o Passat, que praticamente só continuava sendo fabricado para atender as exportações para o Iraque. O acordo para venda ao país do Oriente Médio era feito numa triangulação com a Petrobras, empresa brasileira de petróleo, da seguinte forma:

o Iraque pagava os carros com petróleo para a Petrobras, e esta repassava os valores para a Volkswagen. Um negócio bom para todos, já que a Petrobras precisava importar petróleo, o Iraque precisava de carros robustos e de baixa manutenção e a Volkswagen precisava vender os carros.

Mas uma reviravolta no mercado acabou mudando esse quadro. Com a flutuação no câmbio do dólar e o aumento das reservas da Petrobras, o acordo com o Iraque foi desfeito repentinamente. A Volkswagen então decide vendê-los no mercado brasileiro, apesar de serem veículos de quatro portas (a preferência ainda era pelos Passat de duas portas), com o interior (bancos e laterais de porta) na cor vermelha. O modelo não demorou para receber o apelido de "Passat Iraque". Em época de plano Cruzado, em que faltava quase tudo, o Passat passou a estar mais disponível nas revendas que os outros carros. Ou seja, o veículo que estava quase

Passat Iraque, destinado ao mercado externo, acabou fazendo sucesso no Brasil.

A evolução dos modelos

morto acaba ressurgindo das cinzas. Suas vendas, que em 1985 não passaram de 700 unidades por mês, cresce para 6.000 unidades, fechando o ano com incríveis 45.282 carros vendidos.

Pelos lados da Ford, o veterano Corcel II deixou de ser fabricado, mas o luxuoso e valente Del Rey continuava sua jornada heroica, vendendo 39.278 veículos durante o ano. Ao mesmo tempo, o consumidor brasileiro dava mostras de estar cada vez mais exigente. Além do Monza, que de barato não tinha nada, ter sido o veículo mais vendido no Brasil, a outra surpresa do ano foi o Santana, com preço mais caro, ser o quinto mais vendido no Brasil, com 48.430 unidades comercializadas.

1987 – MOTOR 2.0

No final de 1986, já como modelo 1987, foi apresentado o novo motor 2.0 para toda a linha Monza. Com isso, o antigo motor 1.6 foi definitivamente aposentado e descontinuado. Aliás, depois que a GMB lançou o 1.8, a procura pelo 1.6 era tão pequena que, nos dias de hoje, é praticamente impossível encontrar um Monza fabricado entre 1984 e 1986 com esse motor menor.

Em 1987, tanto o 1.8 quanto o novo 2.0 receberam muitas melhorias, se tornando mais econômicos e com maior torque em baixa velocidade. Ambos passaram a ser chamados também de "motor fase II". Entre as várias mudanças, o bloco passou a ter suas galerias de retorno de óleo aumentadas, melhorando a lubrificação; além disso, suas paredes foram afinadas, diminuindo o peso. A queima de combustível era mais eficiente, já que o desenho da câmara de combustão foi modificado, passando a ser do tipo "swirl" (redemoinho).

Outra melhoria foi o aumento de 3 mm no tamanho da biela, que passou a torná-lo conhecido como "motor de biela longa", o que permitia a utilização de pistões menores e reduzia o peso das peças móveis. Já os anéis passaram a ser mais finos, reduzindo o atrito com o cilindro. Outras peças também

O Monza equipado com o motor de maior cilindrada vinha identificado com o emblema "2.0" na tampa traseira.

tiveram seus pesos reduzidos: engrenagens do comando, rotor da bomba d'água e tampa do comando.

Para melhorar o desempenho em baixas rotações, os engenheiros da fábrica redesenharam o perfil dos ressaltos do comando de válvulas. O cárter foi aumentado, com ½ litro a mais de capacidade, ganhando também uma placa separadora que evitava a formação de espuma no óleo, o que melhorava a lubrificação do motor.

Para completar as novidades, o carburador foi trocado por outro mais eficiente, o Brosol 2E de corpo duplo, que tinha como novidades o corpo de alumínio (mais leve) e a fixação mais simples, que facilitava a manutenção, permitia regulagem com maior precisão e tinha um tempo maior de vida útil.

Na prática, estes novos motores tinham um funcionamento mais suave e silencioso. No dia a dia, o motorista percebia que o novo 1.8 era mais elástico que o antigo, melhorando a aceleração e a retomada de velocidade, tornando as ultrapassagens ainda mais seguras e, ainda por cima, diminuindo o consumo de combustível. Além disso, com intuito de diminuir o consumo nas estradas, foi alterada

A partir de 1987, o consumidor do Monza podia escolher entre o motor 1.8 ou 2.0. Na foto, o Classic.

A evolução dos modelos 73

a relação do diferencial, que passou a ser mais longo para manter uma velocidade constante. Como o giro do motor era menor que o antigo, a melhora na economia e a diminuição do ruído interno foram outras vantagens sentidas pelo motorista.

Quanto ao desempenho do novo motor 2.0, como era de se esperar, os números eram ainda melhores que o 1.8 fase II. Com seus 110 cv, a aceleração de 0 a 100 km/h era conseguida em apenas 11,22 segundos, praticamente a mesma marca obtida pelo esportivo S/R do ano anterior (1.8 com 106 cv e carburador de corpo duplo). A retomada de velocidade também impressionava: para ir dos 40 aos 100 km/h levava 24,91 segundos, contra 27,63 do novo 1,8. A velocidade máxima era praticamente a mesma: tanto o 2.0 quanto o 1.8 ficavam na faixa dos 165 km/h, mas o 2.0 chegava lá bem mais rápido, e ainda levava vantagem em todas as situações. Seu torque era tão potente que, por exemplo, numa velocidade de 30 km/h, podia-se engatar a terceira marcha e acelerar até 120 km/h; ou seja, podia-se usar menos o câmbio, pois o motor dava conta do recado.

Por dentro e por fora o Monza 87 não sofreu nenhuma alteração. A única diferença visual entre o carro equipado com o motor de maior ou o de menor cilindrada era o emblema na traseira. Mais uma vez, levando alguns proprietários espertalhões a trocar o emblema "1.8" pelo "2.0", fazendo com que o carro ganhasse maior valor na revenda ou mais status entre os amigos.

Finalmente, em outubro de 1987, a GMB comemora a fabricação do motor brasileiro de número 1.500.000 em um exemplar da nova família II. Nessa altura, a linha Monza contava então com dois motores, três carrocerias (duas portas, quatro portas e hatch) e quatro versões: básica (agora denominada L), SL/E, Classic e S/R. Esta composição dava um total de 18 variações diferentes.

Em 1987, o governo decidiu aumentar o IPI (Imposto sobre Produtos Industrializados) dos automóveis em 25,3% e a comercialização de automóveis

Em outubro, sai da fábrica o 1.500.000º motor fabricado no Brasil. Na foto comemorativa foi usado o novo motor "família II" do Monza.

Em agosto de 1987, sai da linha de montagem o 350.000º Monza.

longo e duradouro reinado entre os campeões de vendas. Se levarmos em conta, porém, que o Gol tinha preços bem mais acessíveis, o representante da Chevrolet ainda fazia bonito e, com 53.775 veículos comercializados, ficando em segundo lugar no ranking de vendas. Para completar, o Monza leva pela segunda vez o título de "Carro do Ano" da revista *Autoesporte*. A GMB não tinha do que reclamar.

Passado o "efeito Iraque", as vendas do Passat voltam a cair para ínfimos 9.607 veículos comercializados durante o ano. Seu fim estava muito próximo. Pelos lados da Ford, o Del Rey também se arrastava no mercado, com apenas 21.762 veículos vendidos em 1987.

diminui de maneira geral. O Monza perde a liderança no mercado para o Gol, com 59.840 unidades vendidas, que inicia um

1988 – O FIM DO HATCH

O ano de 1988 se inicia com a GM comemorando a segunda colocação do Monza no mercado brasileiro e realizando pequenas mudanças na linha. A frente ganhou uma nova grade, mais simples, com a gravata Chevrolet deslocada para cima, e um conjunto ótico com faróis ligeiramente maiores, além de um defletor de ar (spoiler) novo, abaixo do pára-choque dianteiro. No modelo SL/E a moldura lateral ficou da mesma largura do pára-choque, assim como no modelo Classic (agora renomeado "Classic SE"),

que também teve a largura da moldura aumentada, chegando agora até a caixa de ar, em um desenho similar ao do Opala Diplomata. O modelo básico agora vinha com faixas laterais mais finas e uma outra nomenclatura: Monza SL. Outra novidade foi uma nova roda de alumínio, de série no Classic e opcional nos modelos SL/E e SL (o S/R tinha rodas próprias, também de alumínio).

Internamente, o volante foi redesenhado em dois modelos diferentes, para SL e SL/E, com grande botão de buzina

A evolução dos modelos

em formato trapezoidal, agora possível de ser acionado com o polegar. O Classic e o S/R tinham volantes idênticos e luxuosos com as marcas "Classic SE" em preto ou "S/R" em vermelho aplicadas ao lado direito do botão de buzina. Todos os modelos ganharam bancos com novos revestimentos. Um interessante opcional oferecido (exceto para o Monza SL) era a regulagem de altura do volante em cinco posições, de acordo com a altura do motorista, melhorando o conforto ao dirigir. Outro opcional para toda a linha era o alarme antifurto, agora com a vantagem de desativar o motor de partida, o que impedia a ligação direta e dificultava a vida dos ladrões.

Os modelos SL/E e Classic vinham de série com alarme de advertência para quando o motor era desligado e uma das portas do carro ficava aberta ou os faróis ficavam acesos. Ambos ganharam bancos com novo revestimento, porém, o Classic tinha a cor vinho como opção, inspirada no Opala Diplomata Château. Outra novidade interessante era o fato da luz interna ficar acesa por alguns segundos depois de fechada as portas. Outro dispositivo, opcional, permitia levantar os vidros elétricos até um minuto após desligar o carro. O ar-condicionado continuava opcional em todas as versões, assim como a transmissão automática. Esta última, todavia, não se aplicava ao S/R por ser um esportivo para o mercado interno (existiram alguns S/R destinados a exportação que possuíam transmissão automática).

Na parte mecânica, a única mudança foi um reforço no sistema de freios, melhorando o que já era bom. A quantidade de material fonoabsorvente foi aumentada,

A linha Monza ganhou nova grade e spoiler. Acima: o modelo SL/E, que passou a ter a moldura lateral mais grossa. Abaixo: o modelo básico SL.

À esquerda: o Monza Classic, agora renomeado "SE", ganhou molduras laterais que chegavam até a parte mais baixa das portas, novas rodas de alumínio e lanterna traseira mais comprida.

À esquerda: lanterna do Classic SE, que se diferenciava pelo friso central cromado (no S/R era preto).
Ao centro: novas lanternas, mais compridas, e novo aerofólio: novidades do esportivo S/R.
À direita: o elegante interior na cor vinho, opcional do Monza Classic SE.

tornando o Monza ainda mais silencioso. Em ponto morto, por alguns momentos, até parecia que o carro estava desligado; em movimento, o nível de ruído também era baixíssimo. As opções de motores continuavam sendo a álcool ou a gasolina, além de 2.0 ou 1.8, este último com baixíssima procura.

No segmento dos esportivos, a briga pelo posto de carro mais veloz do Brasil continuava acirrada entre o Monza S/R 2.0 e o Gol GTS, que passou a contar com o motor 1.8 do Santana, acrescido do comando de válvulas semelhante ao modelo europeu (Golf GTi), além de um carburador de corpo duplo calibrado para maior potência e escapamento com sistema de saída maior. Com isso, o propulsor desenvolvia 99 cv e atingia a velocidade máxima de 167 km/h. Neste quesito perdia para o S/R, que, com motor 2.0 de 110 cv, chegava a 173 km/h. Mas a aceleração do Gol era melhor, fazendo de 0 a 100 km/h em apenas 11,03 segundos: a mais rápida do Brasil. Logo atrás, o Monza fazia de 0 a 100 em 11,55 segundos.

O S/R apresentou ainda algumas novidades em 1988, além da nova grade dianteira comum em toda a linha: a lanterna traseira aumentou de comprimento, ficando mais próxima da placa (mudança também válida para o Monza Classic SE). Internamente, ganhou bancos com novos revestimentos, ainda fabricados pela Recaro.

O Monza continuava muito querido pelo consumidor e respeitado pela imprensa especializada. Prova disso é que em 1988 o carro foi eleito pela terceira vez o "Carro do Ano" pela revista *Autoesporte*. Por sua vez, a *Quatro Rodas* realizou uma pesquisa perguntando

A evolução dos modelos

À direita: o painel do Monza SL/E. À esquerda: o esportivo S/R. Toda a linha Monza ganhou bancos com novos tecidos.

aos leitores: "Qual carro brasileiro você compraria independente do preço?". O vencedor foi o Monza, com 28% de preferência, distante do segundo colocado Escort, com 11,6%. Com o passar dos anos, o veículo da Chevrolet se torna um dos maiores fenômenos da indústria automobilística brasileira.

No mercado dos luxuosos, o Santana, maior concorrente do Monza Classic, ganhou também um motor 2.0, passando a se chamar Santana GLS 2000. Os dois veículos eram os mais procurados entre os sofisticados modelos de luxo, que disputavam palmo a palmo o consumidor.

Se entre 1983 e 1987 o carro movido a álcool respondia por cerca de 90% dos veículos produzidos, em 1988 essa lógica começa a mudar drasticamente com a diminuição da diferença de preço entre os combustíveis. Consequentemente, a procura pelo carro a gasolina aumentou na mesma proporção, obrigando as fábricas a acompanharem essa tendência.

O ano de 1988 também ficou marcado pelo fim do Passat, deixando saudades entre os fãs do modelo. Outro que teve sua fabricação interrompida no final do ano foi o Monza S/R, pegando muita gente de surpresa. Segundo a fábrica, o motivo foi o baixo volume de vendas. Com isso, a carroceria hatch também deixou de existir. Já o veteraníssimo Del Rey continuava sua heroica trajetória, vendendo louváveis 25.658 unidades.

O campeão de vendas no ano mais uma vez foi o Gol, com 99.509 veículos. O segundo lugar foi disputado ferozmente entre o Monza e o Escort, com vitória apertada do carro da Chevrolet, que comercializou 70.605 unidades, contra 68.796 do Ford.

1989 – VERONA, O NOVO CONCORRENTE

No ano de 1989 não houve muitas mudanças na linha Monza, apenas um novo opcional passou a ser oferecido: o computador de bordo. Mas tivemos grandes novidades no mercado. No Brasil, a GMB lançou o Kadett, versão do Opel Kadett da época, duas gerações mais novo que o Chevette (que continuava sendo fabricado no Brasil). Oferecido apenas na versão hatchback, o novo carro tinha o mesmo motor 1.8 do Monza, nas versões SL, SL/E e GS, este último com características esportivas, equipado com o mesmo motor 2.0 do Monza, substituindo o S/R como esportivo da GMB.

Outra novidade, que desta vez afetava diretamente o Monza, foi o lançamento do Ford Verona, o primeiro fruto da fusão Ford/Volkswagen (Autolatina). O novo carro era oferecido com carroceria sedã de duas portas e, por ser um carro médio, além de concorrer com o veículo da GMB, afetava também outros veículos menores, como o Volkswagen Voyage, o Fiat Premio e, principalmente, o antigo Del Rey, que poderia estar em seu último ano de vida. O Verona era oferecido em duas versões: LX com motor Ford 1.6 e GLX com motor Volkswagen AP-800, de 1.800 cilindradas.

Na Alemanha, o Monza (que por lá se chamava Ascona) deixou de ser produzido, sendo substituído pelo moderno Opel Vectra. Mas no Brasil o carro ainda vendia bem e a GMB não tinha motivo para tirá-lo de linha. O Vectra viria para o Brasil somente em 1993, quando dividiria as linhas de montagem com o Monza por algum tempo.

O perfil do consumidor brasileiro continuava mudando e as vendas dos modelos mais caros e sofisticados cresciam da mesma forma. Os números do próprio Monza refletem esse panorama: quando o Classic foi lançado em 1986, representava apenas 11,7% do total de vendas do modelo; em 1987 este índice cresceu para 15,4%, e, em 1988, para 16%, ainda com tendência de aumento para 1989. O Monza Classic disputava compradores com o luxuoso Santana GLS (top de

O Classic SE ganhava mais espaço na linha Monza, provando que o consumidor estava cada vez mais exigente.

A evolução dos modelos

linha), com dimensões maiores que o carro da Chevrolet.

Como pôde ser observado no Verona, a Autolatina produzia modelos híbridos, com mecânica VW e Ford compartilhadas. O Escort, em seus modelos superiores, oferecia o excelente motor 1.8 da VW, substituindo o velho motor Renault (rebatizado Ford CHT 1.6) e deixando o carro mais forte e veloz. Logo o Del Rey ganhou o mesmo "coração". O fato curioso é que o Escort e o Del Rey levavam o mesmo motor, só que no Del Rey sua instalação era na posição longitudinal, enquanto no Escort, na transversal.

As vendas do Del Rey em 1989 foram de 24.620 unidades, enquanto o Verona, que começou a vender somente no final do ano, comercializou 1.385 veículos. O veículo campeão de vendas no ano foi novamente o Gol, com 102.089 unidades. A segunda posição, mais uma vez disputada mês a mês entre o Escort e o Monza, ficou com o carro da Chevrolet, com 75.749 veículos, contra 70.406 unidades do modelo da Ford.

Novo Ford Verona, concorrente direto do Monza.

1990 – INJEÇÃO ELETRÔNICA

No Brasil, os primeiros veículos equipados com injeção eletrônica eram o cobiçado Gol GTi (o carro mais rápido do país) e o Santana Executivo, ambos lançados em 1989. A GMB logo deu o troco e lançou o Monza 500 EF, uma edição especial comemorativa com o motor "2.0" que foi o primeiro carro da marca a vir equipado com injeção eletrônica (substituindo o carburador). No salão do automóvel de 1988, a GMB chegou a mostrar o Monza FI (fuel injection) para testar a receptividade do público, mas este modelo nunca chegou a ser produzido.

O Monza 500 EF era uma variação do Classic. As iniciais "EF" foram escolhidas em homenagem a Emerson Fittipaldi, e o "500", à sua vitória nas 500 milhas de Indianápolis em 1989 (o piloto foi o primeiro brasileiro a vencer a tradicional e tão cobiçada corrida). O modelo era vendido com duas opções de cores, ambas

Protótipo do Monza FI apresentado no Salão do Automóvel de 1988.

O Monza 500 EF. Pela primeira vez um carro da GMB vinha com a eficiente injeção eletrônica de combustível. O modelo também vinha com adesivos na lateral, aerofólio na traseira e emblema "2.0i" na tampa do porta-malas.

perolizadas: Preto Nobre ou Vermelho Rodes. Por fora, possuía alguns itens exclusivos, como o pequeno aerofólio traseiro, pintado na cor do carro, e delicados filetes verdes adesivados em toda a lateral do carro, com o emblema "500 EF" mais próximo da lanterna traseira. O comprador tinha a opção de escolha entre duas ou quatro portas. Na tampa traseira, do lado esquerdo, o emblema "2.0i" denunciava o novo motor 2.0 com injeção eletrônica.

No restante, o mesmo visual do Classic, ou seja, molduras laterais em perfil largo com a inscrição "Monza Classic SE" na porta, vidros verdes com para-brisa laminado *dégradé*, moldura plástica no painel inferior dianteiro, para-choques revestidos em material termoplástico na cor cinza escuro, faróis de neblina dianteiros, luz de neblina traseira (incorporada à lanterna) e espelho retrovisor externo na cor do veículo, com controle remoto elétrico.

Internamente, vinha com as forrações laterais e bancos revestidos em couro preto, sendo que os da frente eram reclináveis, com apoio ajustável para a cabeça, e o traseiro com descansa braço central e apoio para a cabeça. Por isso, o 500 EF foi projetado para levar 4 passageiros com grande conforto. Quando precisasse transportar um quinto passageiro, este iria sentado no meio do banco traseiro, sem apoio para a cabeça e no lugar destinado ao apoio de braço escamoteável.

O volante tinha parte revestida de couro com aplique "500 EF", mesma inscrição dos tapetes dianteiros. A GMB não oferecia nenhum opcional, porém, o carro já vinha completo de fábrica com ar-condicionado, direção hidráulica com coluna regulável

A evolução dos modelos

em cinco posições, antena elétrica, luz de leitura de duplo foco no teto (na dianteira e traseira), travas e vidros elétricos, alarme antifurto com sirene eletrônica, sistema de advertência sonoro de lanterna/farol ligados, computador de bordo com sete funções, entre outros itens.

Naqueles tempos, rádio com toca-fitas era um luxo, normalmente um equipamento caro e, por isso, um dos alvos preferidos dos ladrões, que arrombavam o carro para levar o precioso acessório, deixando para trás um rastro de destruição com vidros quebrados e painel danificado. Para evitar esse transtorno, alguns fabricantes de rádios ofereciam um dispositivo de gaveta, que o proprietário puxava através de uma alça para levar o aparelho consigo. No lugar do rádio, ficava apenas um buraco, desestimulando o bandido. A GMB foi a primeira empresa a oferecer o toca-fitas de gaveta, da marca AC Delco, em um automóvel de série: justamente o 500 EF.

O sistema de injeção eletrônica era mais eficiente que o carburador, pois contava com sensores de densidade do ar, que mediam a pressão atmosférica e a temperatura ambiente. Com estas informações devidamente computadas, o módulo de controle eletrônico equalizava a quantidade necessária de combustível a ser injetada em cada cilindro a todo instante. Este sistema de injeção é tão eficiente que, atualmente, quase todos os carros saem de fábrica com ele.

No caso do Gol GTi e do Santana Executivo, a injeção eletrônica serviu para dar mais potência e esportividade ao carro. Mas no caso da GMB, o foco principal no 500 EF era atingir um público de meia-idade, que não abria mão do luxo e das modernidades (para quem estivesse atrás de um carro esporte da marca, havia o Kadett GS). Por isso, a empresa optou em manter a mesma taxa de compressão do 2.0 carburado, ou seja, 8,8:1. No caso dos representantes da Volkswagen, a taxa era de 10,0:1. A vantagem era que o motor Chevrolet trabalhava com mais tranquilidade, sem forçar o pistão e o virabrequim, resultando numa maior durabilidade. Além disso, o antigo câmbio longo de 5 marchas também foi mantido, fazendo com que o 500 EF funcionasse boa parte do tempo em giro baixo.

Bancos revestidos de couro no 500 EF.

Acima: o motor com sistema de injeção, mais eficiente que o carburador.

Nas fotos ao lado: o Classic SE. O de cima à direita com pintura "saia e blusa"

Abaixo: o Monza SL/E 1990. Último ano em que as antigas rodas de alumínio eram oferecidas.

de bordo integrado ao painel, ocupando o mesmo espaço do relógio de horas. O aparelho possuía sete funções, como consumo médio ou instantâneo, autonomia, velocidade média, temperatura externa, além das funções de relógio e cronômetro.

Em 1990, acontece algo inédito no Brasil: um mesmo carro entra no mercado com duas marcas diferentes. No ano anterior, a Autolatina havia apresentado o Ford Verona, e, neste ano, foi a vez da Volkswagen lançar o seu "Verona", chamado Apollo. Nos anos 1970, isso já havia ocorrido na Europa, quando a Volkswagen e a Audi se uniram para fazer

Vale citar que o modelo era oferecido apenas na versão a gasolina, já que, nessa época, ainda não existia tecnologia para a injeção funcionar no motor movido a álcool.

Na prática, o Monza com injeção não era muito mais rápido que o equipado com carburador, pois o ganho era de apenas 8 cv, chegando à velocidade máxima de 170 km/h, mas funcionava com suavidade e baixo nível de ruído. O departamento de marketing da GMB dizia que o novo Monza não era inspirado na imagem do Emerson Fittipaldi enquanto piloto, mas sim do Emerson vitorioso e bem-sucedido na vida.

Um opcional muito moderno oferecido para a linha 1990 foi o computador

A evolução dos modelos

dois carros com a mesma base mecânica, resultando no Audi 80 e no Passat.

O Apollo tinha a mesma carroceria do Verona, com algumas diferenças cosméticas, além, é claro, do emblema da marca. O carro da Volkswagen tinha nova grade dianteira, retrovisores pintados na cor do carro (no Verona era preto), molduras cinza nos vidros, rodas de alumínio como item de série, cores metálicas e aerofólio na traseira. Internamente, cada um tinha seu próprio painel, já o motor era o mesmo, o VW 1.8.

Apesar de ser praticamente o mesmo carro, a Autolatina dizia que queria atingir dois tipos de público: com o Verona, os tradicionais clientes da Ford, por ser um carro mais "clássico" e, com o Apollo, que tinha um visual um pouco mais esportivo,
os clientes fiéis à marca Volkswagen. De qualquer maneira, ambos brigavam diretamente com o Monza, com o Del Rey e, de forma indireta, com o Santana.

Nesse ano, o título de líder de vendas mais uma vez fica com o Gol, com 101.062 unidades vendidas. O segundo lugar tem um novo dono, o Uno Mille, uma versão mais popular recém-lançada do carro da Fiat, que comercializou 63.647 unidades. O Monza ocupa a honrosa terceira posição, com 55.412 unidades. Dos seus concorrentes diretos, o melhor desempenho foi do Verona, com 33.260 unidades. Já o Apollo, lançado no meio do ano, vende 13.494 unidades, bem mais que o teimoso Del Rey, que se rastejava no mercado, vendendo apenas 10.135 unidades.

O VW Apollo tinha a mesma carroceria do Ford Verona.

1991 – LINHA RENOVADA

Totalmente reestilizada, a nova linha Monza foi apresentada no final de 1990 durante o Salão do Automóvel, tornando-se a principal atração nacional do evento, que neste ano contava com várias participações internacionais devido à abertura das importações promovida pelo então presidente Fernando Collor de Mello. Na ocasião da abertura de mercado para os importados, em um episódio curioso, o próprio Collor desfez de nossa indústria
automobilística dizendo que "os carros brasileiros são verdadeiras carroças", em comparação aos veículos importados.

Nova linha Monza apresentada no Salão do Automóvel em novembro de 1990. Os modelos de luxo vinham com farol de neblina no para-choque e farol de milha integrado nos faróis principais.

Acima: a nova frente ligeiramente rebaixada deu um visual mais moderno ao carro. Abaixo: a traseira ganhou novas lanternas e ficou maior que a antiga. Nas fotos, o Monza Classic SE.

com carros muito bons e adequados ao nosso país, além de alguns modelos similares aos estrangeiros e alguns importados *premium*, esportivos ou de luxo (estes sim, muito superiores). Mas o primeiro veículo importado a chegar de fato ao Brasil foi o Lada Laika, um projeto antiquado baseado no Fiat 127 de 1968, fabricado na União Soviética: um enorme contrassenso.

O Monza modelo 1991 recebeu o primeiro grande "facelift" desde seu lançamento em 1982, inspirado fortemente no Vectra alemão (que substituiu o Ascona por lá): o capô ficou mais liso e em formato de cunha; consequentemente, a frente ficou mais baixa e ligeiramente mais comprida (8,5 cm), também com novos para-lamas dianteiros. Além de um aspecto mais moderno, melhorou a penetração aerodinâmica do carro. Já os faróis ficaram mais estreitos e a grade de duas barras horizontais menor. Logo acima da grade, um pequeno logotipo Chevrolet prateado, com fundo branco. O resultado foi uma frente semelhante à do Kadett. Devido ao formato da nova dianteira do modelo, logo a irreverência do povo brasileiro tratou de batizar o modelo como "Monza Tubarão", apelido disseminado por todo o país.

As lanternas traseiras ficaram bem maiores e a traseira, 4,2 cm mais longa. A tampa do porta-malas foi redesenhada, agora descendo até a altura do para-choque. Com isso, a área de abertura ficou maior, facilitando a

A declaração provocou revolta entre os executivos das montadoras, mas, de certa forma, teve uma consequência positiva, pois, devido à concorrência externa, os produtos brasileiros tiveram que se modernizar e receber novos investimentos.

A afirmação do presidente foi, no mínimo, inconsequente, já que contávamos

A evolução dos modelos

colocação de objetos mais pesados. A capacidade do porta-malas, que já era boa, ficou melhor ainda. Apesar de a tampa ser maior e mais pesada, era facilmente aberta por ação de um eficiente sistema auxiliar de molas. Com essas modificações, o carro ficou com um comprimento total 12 cm maior (apesar de manter os mesmos entre-eixos), se aproximando mais do Volkswagen Santana. Os para-choques foram também redesenhados e fabricados em um material de plástico injetado.

Houve também pequenos aperfeiçoamentos na mecânica: o sistema de refrigeração no motor ficou mais eficiente, apesar do radiador ser menor e mais estreito (devido ao novo formato da frente). O radiador era fabricado em alumínio, o que permitia uma melhor troca de calor e, além disso, contava com um novo defletor na parte inferior do para-choque, que direcionava o ar diretamente nele. O

nível do ruído também melhorou, devido à maior quantidade de material fonoabsorvente, e também pelo conjunto motor/câmbio, agora com três pontos de fixação (antes eram quatro), igual ao do Kadett.

Os engenheiros da GMB também se preocuparam em deixar o carro mais confortável e macio e, para isso, foram utilizadas novas buchas, mais macias, nos elementos da suspensão. Devido à nova distribuição de peso, as suspensões traseira e dianteira (e também os amortecedores) foram redimensionadas e recalibradas, ganhando molas mais altas. Os motores disponíveis eram o 2.0 ou o 1.8 (a gasolina ou a álcool), que neste ano receberam mudanças no carburador para atender aos novos limites de emissões, mais rígidos, que acabavam de entrar em vigor. Com isso, o motor ficou um pouco amarrado, atingindo a velocidade máxima de 160 km/h, porém, mais econômico (ajudado pela melhor aerodinâmica), com o 1.8 chegando a fazer 13,40 km por litro de gasolina na estrada.

As versões eram as mesmas, com opção de duas ou quatro portas: SL, SL/E e o modelo top de linha Classic SE. Neste último, os para-choques tinham duas cores: a parte de cima preta e a metade de baixo pintada na cor do carro, onde eram instalados faróis de milha embutidos de formato retangular na dianteira. As rodas aro 14' de liga leve exclusivas tinham um novo desenho. Os pneus eram de perfil mais baixo,

O Monza SL era o mais simples da linha.

À esquerda: a injeção eletrônica agora era opcional para o Classic SE, que vinham identificados com o emblema 2.0 MPFi na traseira, além de um belo painel digital.
À direita: o volante redesenhado era comum em toda a linha Monza.

No dia 6 de julho de 1991 foi comemorada a fabricação do 600.000º Monza.

melhorando ligeiramente a estabilidade do carro. Desta vez, as faixas laterais não eram mais grossas, ficando da mesma largura do SL/E, porém, com os dizeres "Monza Classic SE" perto da porta.

Internamente, o Monza recebeu novos desenhos nos revestimentos das portas e do teto, além de um volante redesenhado com melhor empunhadura. O Classic vinha de fábrica com um sistema de som mais moderno, com visor de cristal líquido e código de segurança antifurto. Apesar de o carro ter crescido por fora, internamente tinha exatamente o mesmo espaço do modelo antigo.

No ano anterior, o sistema de injeção eletrônica era exclusivo da série especial Monza 500 EF. Porém, como era de uma edição limitada, logo foi esgotada. Então a melhoria foi oferecida como opcional (apenas no Classic). Quando comprado com injeção, o carro vinha com outra novidade, um bonito e eficiente painel digital, pioneiro na GMB. Na traseira, o emblema "2.0 MPFi" denunciava o motor com injeção multiponto eletrônica de combustível.

No segmento dos carros de luxo, o Classic ganhou um novo concorrente. Depois de a Autolatina fabricar o Verona

A evolução dos modelos

e o Apollo com as carrocerias idênticas, o mesmo ocorreria agora com o Santana, que foi também fabricado pela Ford sob o nome Versailles, cuja versão top era o 2.0i Ghia.

O ano de 1991 foi o último do veterano Del Rey, que deixou de ser fabricado. Mesmo assim, ainda comercializou suas últimas 2.022 unidades, a maioria no primeiro semestre. Já o Verona comercializou 34.478 unidades, um pouco mais que seu irmão Apollo, com 29.795 unidades. Ambos conquistaram alguns compradores do Monza, que, apesar disso, teve um pequeno aumento nas vendas em relação a 1990, motivado pela remodelação da linha, (de 54.412 para 59.030 unidades). O carro continuava ocupando a honrosa terceira posição no mercado, atrás apenas do Gol e do Uno, que tinha o incremento do popular Mille, um verdadeiro sucesso e o segundo carro para muitas famílias, vendido por um preço especial devido a incentivos de impostos oferecidos pelo governo aos veículos populares equipados com motor de até 1 litro, ou 1.0, com 111.605 e 100.744 unidades comercializadas, respectivamente.

O novo Ford Versailles tinha a mesma carroceria do VW Santana e concorria com o Monza Classic SE.

1992 – NOVA INJEÇÃO DE COMBUSTÍVEL

Em janeiro de 1992, entrava em vigor a segunda fase do Programa de Controle de Emissões Veiculares (Proconve), que regulamentava e controlava os níveis de poluição liberados pelos automóveis no país. Antes dele, as fábricas não possuíam nenhum controle ou limite para emissão dos poluentes e os motores podiam emitir gases venenosos na atmosfera sem nenhuma restrição. A partir de então, os níveis de poluição deveriam diminuir gradativamente, até atingir níveis internacionais nos anos 2000.

As fábricas tinham que se reinventar. Enquanto a Autolatina optou pelos catalisadores, a GMB e a Fiat instalaram em seus veículos a injeção eletrônica. Na realidade, o Monza já havia se antecipado e apresentado este novo sistema de injeção no segundo semestre de 1991, logo disponibilizado para toda a linha. O sistema adotado foi o single-point (ou monopoint), também conhecido como "EFI" (apenas um bico injetor), diferente daquele que já equipava o Classic como opcional, que era o multipoint (MPFi, com um bico injetor independente para cada cilindro). O EFI era mais simples, porém, também eficiente para substituir o carburador. Com ele o Monza poluía menos, melhorava o desempenho e diminuía o consumo. Este novo sistema também foi usado no Kadett.

O sistema de injeção de combustível em substituição ao carburador não é tão

Em 1992 toda a linha Monza vinha equipada com injeção eletrônica, atendendo as normas mais rígidas de emissões de poluentes. Na foto, o Monza SL/E.

Abaixo: a nova injeção "monopoint" era identificada pelo emblema EFI na traseira.

Clássicos do Brasil

recente, aparecendo pela primeira vez em 1954 no Mercedes-Benz SL, porém, com todas as funções controladas mecanicamente. A partir dos anos 1970, houve um grande salto de qualidade com a evolução da eletrônica, em que a injeção passou a ser controlada através de sensores. No Monza o sistema era digital, com um único chip de memória para a alimentação e a ignição, que coordenava simultaneamente a melhor proporção da mistura ar/combustível e, ao mesmo tempo, o momento exato da faísca da vela no interior da câmara de combustão; assim, liberava menos partículas poluentes na atmosfera.

Na prática, o Monza EFI era mais eficiente que o antigo carburado. As respostas de aceleração eram mais rápidas, sem as falhas típicas do carburador. O carro funcionava com mais suavidade, mesmo em baixas rotações, e o motorista podia pisar mais leve no pedal do acelerador durante o uso, além de facilidade de manutenção, menos frequente, dispensando as constantes regulagens do carburador.

Ocorreram também outras mudanças no motor: as câmaras de combustão ganharam um novo desenho, a taxa de compressão foi elevada de 8,8:1 para 9,2:1, e a abertura do comando de válvulas ganhou maior duração. Um aquecedor elétrico aquecia a mistura ar/combustível, para que ela chegasse à câmara numa temperatura ideal. Com isso, a potência aumentava de 99 para 110 cv (no motor 2.0).

Além de diminuir o consumo, com este novo motor o Monza melhorou seu desempenho. Enquanto o antigo 2.0 atingia a máxima de 160 km/h, o EFI aumentava para 168 km/h. A capacidade de aceleração também aumentou, indo agora de 0 a 100 km/h em apenas 10,72 segundos; no anterior carburado, era de 11,22 segundos.

O agora chamado Monza "ecológico" se diferenciava do antigo por um emblema "EFI" em vermelho na traseira, ao lado do 2.0 (ou 1.8, dependendo do motor). Ao abrir o motor, podia se observar os dizeres "Fuel Injection 2.0 (ou 1.8) OHC" na frente da tampa do filtro de ar. Internamente, nenhuma mudança ocorreu, apenas duas pequenas luzes espia no painel. Uma delas indicava o mau funcionamento no sistema de injeção, e a outra auxiliava o motorista numa dirigibilidade mais econômica, pois indicava o momento ideal para troca de marchas.

O Monza EFI veio substituir o motor com carburador inicialmente apenas nos

A evolução dos modelos

motores a gasolina, mas, três meses depois, também para a versão movida a álcool. O SL tinha a opção de motor 1.8 ou 2.0, enquanto o SL/E e o Classic, apenas o de maior cilindrada. O top de linha Classic era o único com duas opções de injeção à escolha do comprador: EFI ou MPFI.

Neste mesmo ano, a GMB lançou duas séries limitadas. A primeira foi o Monza Barcelona, em homenagem à cidade espanhola onde foram realizadas as Olimpíadas de 1992. A única cor disponível era a Prata-Argenta, com os espelhos retrovisores e molduras laterais externas (exclusiva) pintados na mesma cor do carro. Logo acima destas molduras havia seis filetes finos (dois vermelhos, dois amarelos e dois azuis), aplicados em toda a lateral, se estendendo na traseira. Na porta, perto dos para-lamas, o escrito "Barcelona" acompanhado de três homenzinhos da mesma cor dos filetes. As rodas de alumínio eram exclusivas e inéditas.

O Barcelona tinha como opção os motores 1.8 ou 2.0, a álcool ou gasolina, com a mesma injeção do Monza EFI. Internamente, as forrações eram exclusivas: o banco traseiro trazia o descansa braço central e apoio para cabeça vazado (novidade) para melhorar a visibilidade traseira. Havia ainda um sistema de som com rádio/toca-fitas com quatro alto-falantes, além de vidros e travas elétricas.

No final do ano, foi a vez da GMB comemorar a expressiva marca de 650.000 veículos Monza fabricados. Para isso, a montadora apresentou ao mercado uma nova série limitada chamada Monza 650. O carro

Monza Barcelona, homenagem da GMB à cidade sede das Olimpíadas de 1992. As forrações internas e as novas rodas de alumínio eram exclusivas.

À esquerda: o adesivo na porta do Monza Barcelona.
À direita: a identificação do motor EFI.

laterais vinham na cor do carro, com um escrito estilizado "650" na porta, perto do para-lama. Já as rodas eram as mesmas do Monza Barcelona, assim como as opções de motores.

Como todo veículo de série limitada, com o passar dos anos, ele ia sendo descaracterizado. Atualmente, encontrar um Monza Barcelona ou um Monza 650 com suas características originais é uma tarefa muito difícil.

Em 1992, mais uma vez o Gol foi o campeão de vendas, com impressionantes 135.669 unidades. O Uno manteve o segundo lugar, porém, com números bem inferiores ao líder: 86.147 unidades. O Monza continuava fazendo milagres, apesar de seus quase 10 anos no mercado, e segurava o terceiro lugar, vendendo 54.305 unidades, praticamente o mesmo número do ano anterior, sendo ainda o mais vendido entre os médios. Seus concorrentes mais diretos, o Apollo e o Verona, venderam, respectivamente, 10.235 e 17.677 unidades.

saía de fábrica com vários itens de série: direção hidráulica e coluna de direção regulável, travas e vidros elétricos, banco do motorista com ajuste de altura, cinto de segurança traseiro de três pontos, desembaçador com ar quente e vidros verdes. O ar-condicionado e alarme antifurto eram opcionais.

A única cor disponível era o Vermelho Creta, que, pela primeira vez, apresentava o acabamento perolizado. As molduras

1993 – POUCAS MUDANÇAS

Em 1993, o Monza completou dez anos no mercado brasileiro com poucas mudanças, um indício de que a GMB já não tinha maiores novidades a acrescentar em seu campeão de vendas. Externamente, a grade dianteira passou a ser da mesma cor do carro no Classic e grafite nos outros modelos (antes era preta). A traseira ganhou um friso na tampa do porta-malas, logo acima do para-choque, e as rodas de alumínio, iguais às do Monza Barcelona, passaram a ser opcionais em toda a linha.

A evolução dos modelos

Internamente, a única mudança foi o novo puxador das portas mais saliente, que despertou algumas críticas por ficar junto ao encosto do banco dianteiro, dificultando sua regulagem com a porta fechada, já que o botão de regulagem ficava do lado de fora do banco e não era possível alcançá-lo com as portas fechadas. Dessa maneira, a regulagem precisava ser feita com a porta aberta; uma pequena falha e um sinal de que o Monza já não contava com a mesma atenção da fábrica. No restante, nenhuma novidade: as versões continuavam as mesmas, assim como as opções de motores.

Em contrapartida, a empresa dava sinais de renovação em toda a linha e, neste ano, lança o moderno Chevrolet Omega para substituir o Opala, que saiu de linha no ano anterior. O Omega era um sedã confortável, espaçoso, moderno e seguro, com tração traseira e um eficiente motor de 6 cilindros e 3.0, importado da Alemanha na versão CD ou, ainda, com um novo 2.0 na versão GLS.

Rumores diziam que o Vectra alemão seria trazido ao Brasil em regime CKD (*Completely Knocked Down*: montado no Brasil, mas com todas as peças importadas), e que em breve poderia substituir o Monza Classic no mercado nacional. Como já era esperado, em agosto, a GMB realmente apresentou o Vectra com 40% de seus componentes importados. O carro já era fabricado na Alemanha desde 1988, em substituição ao Ascona (Monza alemão). Para os padrões brasileiros, tratava-se de um veículo muito moderno, oferecido em três versões: GLS (de entrada), CD (top de linha) e GSi (esportivo), com uma série de itens para garantir seu conforto e segurança, como uma "geladeirinha" no porta-luvas (integrada ao ar-condicionado), quatro cintos de segurança de três pontos com ajuste de altura, vidros elétricos nas quatro portas com sensor antiesmagamento, destravamento automático das portas em caso de colisão conjugado à ativação da luz interna e do pisca-alerta. Foi também o primeiro veículo nacional com barras de proteção lateral nas quatro portas. A versão CD trazia ainda o volante revestido em couro e bancos dianteiros com ajuste para apoio lombar.

O Monza ainda era o campeão de vendas entre os médios. Mas, pelo tempo de mercado, já não tinha mais tanto fôlego para brigar em alto nível com seus concorrentes Santana, Versailles e,

Nas fotos, o Classic SE, em seu último ano de produção. Pequenas mudanças para 1993: a grade dianteira na cor do carro e novo friso na tampa do porta-malas. Ganhou ajuste elétrico de altura dos faróis, espelho interno fotocrômico, ajuste de altura do banco do motorista e, como opcional, freios a disco nas quatro rodas.

Clássicos do Brasil

Acima: outra série especial do Monza, o Hi-Tech, com interessante painel digital.

Novidades no mercado de médios. À esquerda: o Fiat Tipo. À direita: o VW Pointer.

principalmente, o novo Tempra, lançamento da Fiat que alcançou grande sucesso no mercado. Com a chegada do Vectra, o Monza Classic deixou então de ser fabricado. A estratégia da GMB era deixar o Monza brigando no mercado de veículos menores contra o Logus, o Escort, o Fiat Tipo e até o Kadett. A empresa acreditava que, assim, o Monza poderia se fortalecer e ainda vender mais, pois o carro contava com maior espaço interno que os concorrentes, ótima e confiável mecânica, além de um preço bem competitivo.

Logo após o lançamento do Vectra, a GMB apresentou outra série especial do Monza, chamada Hi-Tech, equipada com alguns avanços tecnológicos, principalmente na questão da segurança. Os freios a disco tinham sistema ABS nas quatro rodas, o que impedia o seu travamento mesmo com o piso molhado, evitando derrapagens. O carro vinha equipado também com um eficiente sistema de alarme antifurto, cinto de segurança de três pontos na frente e atrás e sistema de regulagens de faróis.

O Hi-Tech foi produzido apenas na versão com quatro portas. O carro saía de fábrica com ar-condicionado quente e frio, vidros e travas elétricas e rodas de alumínio. Sua maior novidade, porém, foi um moderno painel digital de cristal líquido, que facilitava a leitura de todos os instrumentos. A única cor disponível era o Azul Strauss.

O ano de 1993 foi agitado para o mercado brasileiro dos carros médios. Logo nos primeiros meses, a Volkswagen (Autolatina) lançou o Logus em substituição ao Apollo, que não vendia bem. O Logus era um carro moderno, com design mais atual, carroceria três-volumes de duas portas e oferecido nas versões CL (motor 1.6), GL (motor 1.8) e Top GLS, com motor 2.0. O novo Volkswagen foi muito bem aceito no mercado, causando correria nas concessionárias da marca.

Em agosto, a Fiat apresentou o Tipo, seu primeiro carro médio. Este novo modelo tinha a carroceria hatchback de duas portas e um estilo muito moderno e atual. A crítica era em relação ao motor 1.6 de 82 cv, que se mostrava insuficiente para

A evolução dos modelos

os 1.130 kg do carro, principalmente com o ar-condicionado ligado. O Tipo era importado da Itália, sendo a Fiat a primeira montadora do Brasil a importar modelos produzidos pelas matrizes, oferecidos e vendidos nas concessionárias como se fossem nacionais (logo em seguida, a GMB faria o mesmo com o Vectra). A fábrica realizava todas as revisões e disponibilizava a mesma garantia dos carros fabricados no Brasil. Tudo funcionava muito bem, a ponto de alguns compradores do Fiat Tipo nem saberem que se tratava de um veículo importado.

Em novembro foi a vez da Ford (Autolatina) apresentar o Verona totalmente remodelado, agora com quatro portas. O novo carro era oferecido em três versões: LX (básico), GLX (médio) e Ghia (mais luxuoso). Mais um forte concorrente para o Monza. No mesmo mês, a Autolatina lançou o Pointer, versão com quatro portas do Logus, mas com traseira do estilo hatchback. Mesmo com todas essas novidades à disposição do consumidor, 66.664 unidades do Monza são vendidas no ano, mostrando uma pequena recuperação em relação a 1992.

1994 – MONZA CLUB

Em 1994, a GMB novamente faz poucas mudanças no Monza. Seu painel ganha nova cor, um novo grafismo e o volante é redesenhado. Também mudam as nomenclaturas: o Modelo SL passa a ser denominado GL, com motor 1.8 EFI ou 2.0 EFI. Já o SL/E passa a ser o GLS, oferecido apenas com o motor 2.0 EFI. Ambos com opção de álcool ou gasolina e também carroceria de duas ou quatro portas. Um emblema "1.8 EFI" ou "2.0 EFI" na cor vermelha, instalado na porta, perto do para-lama, denunciava o motor do carro.

Apesar de um pouco envelhecido, o Monza continuava a ser o veículo médio mais querido e vendido do Brasil. Para

Monza GLS, que substituiu o SL/E.

Monza Club, a última série especial do veículo.

comemorar esse feito, a GMB lançou no início de 1994 mais uma série especial do veículo, o chamado Monza Club, equipado com motor 2.0 EFI e itens de série, como direção hidráulica, painel digital, vidros verdes e travas elétricas, rodas de alumínio e tecidos exclusivos no interior do veículo. Como opcionais, ar-condicionado, freios a disco nas quatro rodas, coluna de direção regulável e cinto de segurança traseiro de três pontos. Só havia uma opção de cor, o Vermelho Schumann. As vendas se estabilizaram no ano, quando 62.992 novos Monzas ganharam as ruas.

1995 e 1996 – O FIM

O ano de 1995 praticamente passou em branco para o Monza, cada vez mais envelhecido no mercado brasileiro, que agora oferecia automóveis nacionais mais modernos e importados de última geração. O velho campeão passou desapercebido durante o ano, não figurando em nenhum teste de revistas especializadas ou propagandas. Apenas quatro versões do Monza eram oferecidas ao comprador: GL 2.0 duas portas, GL 2.0 quatro portas, GLS 2.0 duas portas e GLS 2.0 quatro portas, com opção motor a álcool ou a gasolina.

Já o ano de 1996 se inicia com o encerramento da fabricação da carroceria com duas portas, ficando apenas os Monza GL e GLS com carroceria de quatro portas e motor 2.0 a álcool ou a gasolina. As vendas caíram para menos

A evolução dos modelos

da metade do ano anterior, com apenas 31.924 unidades comercializadas, sendo 6.853 destas movidas a álcool. A GMB dava mais atenção ao moderno Vectra, que em breve o substituiria, apresentado em duas versões de acabamento: GLS e CD. Este último, top de linha com freios ABS, controle de tração, air bags para o motorista e passageiro da frente, ar-condicionado, direção hidráulica, computador de bordo, bancos de couro, rádio com toca-fitas e comandos no volante, câmbio automático com quatro velocidades, além de vários outros itens.

Enquanto isso, a Ford entrou na onda dos importados e trouxe para o Brasil o internacional Mondeo, diretamente da Bélgica, que já fazia sucesso na Europa, Ásia e Estados Unidos. Esse novo carro entrava no mercado para concorrer com o Vectra e o Tempra, passando a ser uma opção acima do Versailles na linha Ford. Podemos observar ainda neste ano uma volta da preferência no mercado por

Única mudança no Monza em 1995, o friso do porta-malas migrou para a parte mais alta.

Nas fotos acima: a única versão remanescente do Monza na metade de 1996 é o GL de quatro portas, que ganhou um novo volante.

veículos movidos a gasolina. Em todas as fábricas os modelos movidos a álcool caem vertiginosamente.

Apesar da concorrência, no primeiro semestre o Monza ainda era um carro bem procurado no mercado, pois oferecia uma boa quantidade de equipamentos de série, era luxuoso e tinha um preço mais acessível, ou seja, uma ótima relação entre custo e benefício. Em 1996 ainda, a GMB traz algumas novidades para o carro, como o novo volante e o aparelho de ar-condicionado livre do poluente CFC, nocivo à camada de ozônio.

Na metade do ano, a linha Monza se resumia a apenas uma versão, o GL 2.0 (a álcool ou a gasolina). Até que, em agosto, ocorreu aquilo que muitos temiam: sem muito alarde, o último Monza sai das linhas de montagem da GMB, deixando muitas saudades entre seus admiradores. Segundo a Anfavea (Associação Nacional dos Fabricantes de Veículos Automotores), apenas 10.973 unidades do Monza foram vendidas em 1996, 85 em 1997 e as últimas 97 em 1998.

Assim termina a história deste automóvel, um verdadeiro campeão que deixou seu nome marcado para sempre na história da indústria automobilística brasileira. Ao todo, foram 952.678 unidades do carro mundial da GMB produzidas

Último Monza a sair da linha de montagem, em agosto de 1996.

A evolução dos modelos 97

no Brasil, sendo 857.808 vendidas para o mercado interno e 94.870 para exportação. Até hoje, o Monza é o primeiro e único carro não popular líder no ranking de vendas, proeza realizada durante três anos seguidos (1984, 1985 e 1986). Foi também o único tricampeão no concorrido concurso "Carro do Ano" da revista *Autoesporte* em 1983, 1987 e 1988.

Moderno, eficiente, confortável e com baixa manutenção, oferecendo sempre uma ótima relação entre custo e benefício, foi também o modelo mais desejado entre as famílias brasileiras na década de 1980. Sua qualidade pode ser comprovada atualmente, quando ainda é possível ver vários exemplares do Monza circulando pelas ruas e estradas do Brasil.

Foto comemorativa das últimas unidades fabricadas do Monza.

CAPÍTULO 3

CURIOSIDADES

UM CARRO, MUITAS VERSÕES

Numa época em que as importações de automóveis eram proibidas no Brasil, diversas empresas se especializaram em transformar, personalizar e criar modelos esportivos ou exclusivos, tendo como base os fabricados pelas indústrias instaladas aqui no país. Com o Chevrolet Monza não foi diferente. Entre os diversos modelos do carro "fabricados" no país, vale a pena destacar a criatividade e o bom acabamento de alguns deles.

No ano de lançamento do Monza, a Envemo (Engenharia de Veículos e Motores), empresa de São Paulo, ofereceu o Monza Plus, incorporando uma nova frente ao modelo, baseado no Pontiac J 2000 americano, feita em fibra de vidro, com quatro faróis quadrados e as mesmas características do veículo americano. Além da frente, os para-choques também em fibra de vidro, as saias laterais e o aerofólio traseiro completavam o conjunto.

A GMB nunca produziu um Monza station wagon, ou Monza perua. Mas a Envemo, de olho neste mercado, decidiu desenvolver o projeto de transformação baseado nas versões station do J-Car existentes nos Estados Unidos e na Europa, alongando o teto do carro e adotando novas laterais traseiras com vidros e uma tampa traseira feita em fibra de vidro. Assim, nasceu a perua nacional do Monza. Vale observar que o painel traseiro e as lanternas eram os mesmos do carro original, assim como o para-choque. O modelo era fabricado nas versões em duas ou quatro portas. Além dessas mudanças, ainda eram realizados diversos reforços estruturais no veículo, que, infelizmente, tornavam seu custo muito alto.

Outra empreitada da Envemo, dessa vez juntamente com a Sulam, outra empresa paulista, foi transformar o Monza

O Monza Plus modificado pela Envemo, atualmente um veículo muito raro.

Curiosidades

Monza Limousine transformado pela empresa Avallone.

em um carro conversível com interior exclusivo, utilizando como base o Opel Ascona de três volumes e duas portas.

    Outra empresa conhecida por fabricar veículos fora de série, como uma réplica do inglês MG TF (que utilizava a mecânica do Chevette) e uma interessante versão conversível do Fusca em parceria com a Dacon, era a Avallone, do piloto e construtor de veículos de competição Antonio Carlos Avallone. Como era de se esperar, ela também passou a oferecer no mercado a transformação do Monza sedã em Limousine. Devido ao elevado preço, seria um veículo para poucos consumidores.

    As alterações eram basicamente na carroceria, com aumento de 22 cm no entre-eixos, na capota (que recebia acabamento externo em vinil), no aumento da porta traseira e da coluna B. Internamente, o banco traseiro inteiriço era substituído por duas confortáveis poltronas (devido ao descansa braço central), com grande distância para o banco da frente, espaço que poderia ser preenchido com bar (e bebidas), telefone, aparelho de som e cortinas. O proprietário

O confortável interior do Monza Limousine.

Monza conversível, transformado pela Sulan.

transformar o Monza, com visual de sedã americano, faróis escamoteáveis como o Chrysler Le Baron, grade cromada, para-choques envolventes e traseira toda formada por um conjunto de plástico refletivo e aerofólio.

A concessionária Pompeia Veículos também ofereceu um kit para personalizar o Monza, tornando o carro mais exclusivo. Seguia a mesma regra dos outros transformadores da época, com a grade dianteira em fibra de vidro equipada com quatro faróis retangulares, para-choques envolventes e aerofólio traseiro, tudo feito em fibra de vidro.

Mas, sem dúvida, a mais criativa e impressionante transformação foi feita pela Ruy's Car no Monza durante os anos 1980. A recém-lançada Mercedes Benz 190.E era objeto de desejo entre os

poderia escolher a decoração e os acessórios de acordo com o gosto pessoal, transformando sua Limousine num veículo único e exclusivo.

Depois de pronto, o carro ficaria obviamente mais pesado, entre 100 e 150 kg. Mas, como o número de ocupantes era reduzido (motorista e dois passageiros), a Avallone concluiu que não seria necessário fazer nenhuma mudança na mecânica. Não se sabe ao certo quantos Monzas foram transformados, mas, certamente, foi em número reduzido. Hoje, esses veículos são verdadeiras raridades.

A empresa de automóveis fora de série Adamo também fez o seu projeto para

Curiosidades

brasileiros, mas impossível de ser adquirida devido à proibição das importações. A saída utilizada por muitas oficinas e empresas transformadoras de veículo foi converter o Monza em Mercedes 190. Como as linhas e cantos retos do Monza eram similares aos do Mercedes, o carro recebia os mesmos faróis, grade dianteira e para-choques do Mercedes, instalados após um trabalho de funilaria no capô dianteiro. O painel traseiro também era trocado para receber as lanternas do Mercedes, além de outros detalhes da marca alemã, como os espelhos retrovisores, as maçanetas das portas e, em alguns casos, o volante e os bancos de couro com o mesmo desenho e os encostos de cabeça iguais. As saídas de ar na coluna C foram eliminadas e as rodas trocadas pelo modelo Brands Hatch, similar ao original da Mercedes. O resultado era surpreendente, fazendo com que os menos atentos acreditassem se tratar de um legítimo Mercedes Benz 190.

Além disso, alguns esportivos e fora de série usaram a mecânica Chevrolet do Monza. O primeiro foi o Avallone TF, na realidade, uma réplica do clássico inglês MG TD 1952, feita pelo piloto e construtor Antonio Carlos Avallone, que inicialmente usava a mecânica do Chevette (motor e câmbio) com tração traseira. Depois de alguns testes com o motor do Monza, instalado longitudinalmente na dianteira, passou a utilizá-lo no lugar do motor do Chevette, já que era mais leve, moderno e eficiente.

Outro carro foi o Farus Beta, fabricado em Minas Gerais pela família Russo, que inicialmente usava o motor do Fiat 147, instalado transversalmente entre-eixos, depois substituído pelo motor VW do Passat TS e, por fim, pelo motor GM fase II do Monza, conferindo mais potência, desempenho e elasticidade ao esportivo.

A incrível transformação do Monza numa Mercedes Benz 190.

Abaixo: o fora de série Farus Beta, que utilizou a mecânica do Monza.

Ao lado: o interessante Monza Adamo, com faróis escamoteáveis.

MONZA CLUBE

A preservação dos modelos fabricados, com o intercâmbio de peças e informações e a interação entre os proprietários dos modelos, faz dos clubes de automóveis antigos um importante meio de preservação da história da nossa indústria automobilística. Um dos mais importantes do país, o Monza Clube iniciou suas atividades no dia 17 de outubro de 1999 como um clube automotivo em homenagem ao Chevrolet Monza, veículo fabricado pela General Motors do Brasil entre os anos 1982 e 1996. Atualmente, conta com mais de 18.000 associados no Brasil, além de fãs em outros países da América Latina, como Argentina, Uruguai, Chile, Bolívia, Colômbia e Venezuela.

Cerca de 8.400 veículos Chevrolet já participaram dos eventos organizados pelo Monza Clube, com destaque para os quatro encontros nacionais organizados até hoje. Um dos grandes diferenciais do clube é o ambiente familiar. Em seus eventos, conta com a participação de centenas de famílias, desde crianças com poucos meses de vida até pessoas com mais de 80 anos.

Muito requisitado também, o portal do Monza Clube possui acesso anual superior a 330.000 visitantes, 650.000

Marco Barbato, membro do Monza Clube.

Curiosidades

páginas e 11 milhões de arquivos. Mais de 160.000 arquivos perfazem o conteúdo de sua página na internet. Dados do início de 2016 mostram também que a rede social oficial do Monza Clube no Facebook ultrapassa a marca de 22.000 seguidores. Com atualizações diárias, mantém os sócios e seguidores sempre atualizados sobre tudo o que está acontecendo no clube, no Grupo Vigorito (patrocinador oficial do Monza Clube) e no "Planeta Chevrolet". Mais informações no www.facebook.com/monzaclube.

Outro ponto importante do Monza Clube são suas ações sociais. A partir do lema "união, amizade e ajuda ao próximo", o clube mantém a divulgação permanente de seis instituições. Até hoje, já foram arrecadadas 14 toneladas de produtos e alimentos não perecíveis nos eventos realizados pelo clube, sempre revertidos a instituições de caridade ou Fundos Sociais. Graças a essa iniciativa, crianças foram adotadas e encontraram um novo lar para viver.

Faça parte você também da "Família Monza Clube". Associe-se, gratuitamente, e conheça uma família apaixonada pelo Chevrolet Monza e pela marca Chevrolet: www.monzaclube.com.

GRUPO VIGORITO

Seis meses depois da chegada da GM no Brasil, nascia a Vigorito, a primeira concessionária Chevrolet do país. Fundada em 1925 por Felício Vigorito no município de Capivari, interior de São Paulo, a Vigorito é hoje a mais tradicional concessionária Chevrolet do Brasil e também uma das mais modernas. Isso graças a um modelo de gestão exemplar, reconhecido pela própria GM, e ao constante investimento de seus colaboradores em tecnologias que possibilitam um atendimento mais dinâmico e uma maior qualidade nos seus serviços. Comprometido com a marca e com sua história no país, o Grupo Vigorito é o patrocinador oficial do Monza Clube.

Por oferecer o melhor a seus clientes, a concessionária Vigorito se tornou líder de vendas em Guarulhos e no ABC paulista e detém o posto de líder em satisfação dos clientes na Grande São Paulo, além de ser eleita pela GM uma concessionária nível "A". A Vigorito também se preocupa em manter relações duradouras com seus consumidores. Desde o momento da compra até a manutenção de seu veículo, o cliente conta com uma equipe especializada sempre pronta para atendê-lo. Saiba mais acessando www.vigorito.com.br.

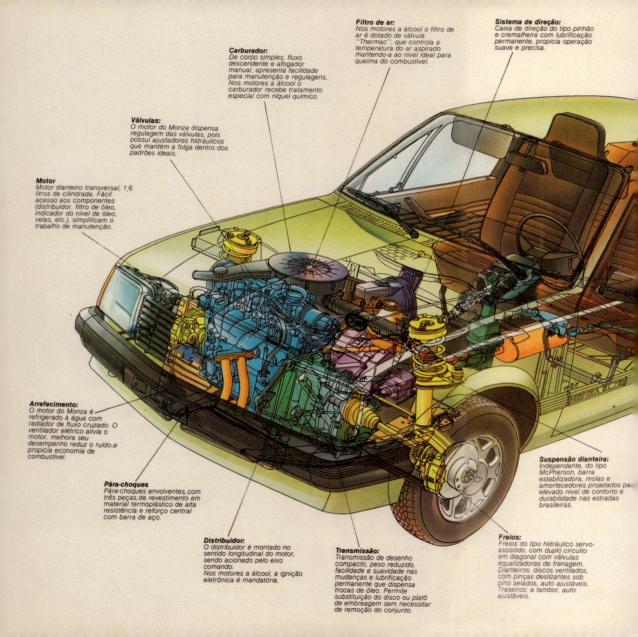

…arroçaria:
…alidade, elegância e
…ncionalidade com reduzido
…eficiente de resistência ao
…slocamento.

Suspensão Traseira:
Com barra conjugada de geometria fixa combinada com barra de torção. As molas helicoidais são progressivas duplamente cônica tipo "Barril" e asseguram excelente aderência à estrada, com influência mínima no espaço interno do veículo.

CAPÍTULO 4

DADOS TÉCNICOS

FICHA TÉCNICA

Dados referentes ao Monza 1982, com motor 1.6. As alterações mecânicas realizadas nos modelos posteriores foram descritas no decorrer do livro.

MOTOR

Instalação/disposição: dianteiro/transversal
Arrefecimento: a agua
Aspiração: Atmosférica
Alimentação: carburador de corpo simples com fluxo descendente
Configuração: 4 cilindros em linha
Comando de válvulas: no cabeçote, acionado por correia dentada
Válvulas por cilindro: 2, válvula de admissão e escapamento com tuchos hidráulicos
Diâmetro dos cilindros: 80,0 mm
Taxa de compressão: 8,0:1
Curso dos pistões: 79,5 mm
Cilindrada: 1.598 cm³
Potência máxima: 75 cv a 5.600 rpm
Torque: 12,4 mkgf a 3.000 rpm
Peso/potência: 13,8 kg/cv
Peso/torque: 83,5 kg/mkgf
Potencia específica: 46,87 cv/l

TRASMISSÃO

Embreagem: monodisco a seco de acionamento mecânico.
Tração: dianteira
Câmbio: Mecânico, 4 marchas à frente sincronizadas e uma a ré.
Relações: 1ª) 3,545:1; 2ª) 2,158:1; 3ª) 1,370:1; 4ª) 0,970:1
Relação diferencial: 3,944:1

CARROCERIA/CHASSI

Carroceria: chapas de aço
Estrutura: monobloco
Capacidade: 5 lugares

SUSPENSÃO

Dianteira: Independente, McPherson com molas helicoidais. Amortecedores telescópicos de dupla ação e barra estabilizadora.

Dados técnicos

Traseira: eixo rígido oscilante, molas helicoidais, amortecedores telescópicos de dupla ação e barra estabilizadora.

FREIOS

Hidráulicos, com servofreio, duplo circuito em diagonal com válvulas equalizadoras.
Dianteiros: disco autoventilados
Traseiros: tambor autoajustáveis

DIREÇÃO

Assistência: mecânica, pinhão e cremalheira

RODAS E PNEUS

Tipo: alumínio (opcional) ou ferro
Tala: 5 ½ polegadas
Tamanho: 13 polegadas
Pneus dianteiros: 185/70 SR13
Pneus traseiros: 185/70 SR13

DIMENSÕES

Comprimento: 426,4 cm
Largura: 166,8 cm
Altura: 134,8 cm
Entre-eixos: 257,4 cm
Bitola dianteira: 140,6 cm
Bitola traseira: 140,6 cm
Porta-malas: 597 litros
Tanque de combustível: 61 litros
Peso: 1.035 kg

DESEMPENHO

Velocidade máxima: 150 km/h
Aceleração: 0 a 100 km/h em 16,2 segundos
Consumo: 8,4 km/l (cidade), 14,4 km/l (estrada)

FONTES DE CONSULTA

LIVROS

A revolução que começou a 35 km por hora. [S.l.]: Fiat, [s.d.].
Enciclopédia do automóvel. São Paulo: Abril Cultural, [s.d.]. 8 vol.
GONÇALVES, Vergniaud Calazans. *A primeira corrida da América do Sul*. São Paulo: Empresa das Artes Projetos e Edições Artísticas, [s.d.].
GONÇALVES, Vergniaud Calazans. *Automóvel no Brasil 1893-1966*. São Paulo: Editora do Automóvel, 1966.
Indústria automobilística brasileira: Uma história de desafios. [S.l.]: Autodata Editora; Anfavea, 1994.
NOTTOLI, Nivaldo. *Uno: A história de um sucesso*. [S.l.]: Fiat, [s.d.].
PENIDO FILHO, Paulo. *O álcool combustível: Obtenção e aplicação nos motores*. São Paulo: Nobel, 1980.

REVISTAS

Revista de Automóveis. Rio de Janeiro: Revista de Automóveis
Quatro Rodas. São Paulo: Editora Abril
Autoesporte. São Paulo: FC Editora
Motor 3. São Paulo: Editora Três

CRÉDITO DAS IMAGENS

Abreviações: a = acima; b = embaixo; c = no centro; d = à direita; e = à esquerda.
Na falta de especificações, todas as fotos da página vieram da mesma fonte.

Páginas 21, 23 a, 23 b, 24, 26, 27, 28 c, 28 b, 29, 33, 79be, 79bd, 83b: Arquivo dos autores.
Página 92a: Arquivo Flávio Berton
Páginas 18b, 19, 25 b, 30, 31, 36be, 40ae, 40ad, 41, 43, 44, 45be, 50, 52/53, 54ad, 58, 59, 61, 63, 64b, 67, 68, 70, 75, 76ae, 77, 78, 80, 81, 82, 83a, 84a, 86ae, 86ad, 88a, 89b, 89c, 90, 94, 95, 96 ae, 96 ad, 98/99, 101, 102, 106/107: Arquivo Rogério de Simone.
Páginas 36bd, 72, 84b, 89a, 91, 93: Arquivo Geraldo Majela Kallas Junior
Página 18a: Evandro Fullin
Páginas 4/5, 7, 8, 9, 10, 11, 13, 15/17, 20, 32, 55, 56, 62, 69, 73, 74, 86b, 96b, 97: General Motors do Brasil.
Página 104: Monza Clube
Páginas 12, 14, 25 a, 36 c, 38, 39, 40be, 42, 45bd, 48, 49, 54ae, 57, 60, 64a, 65, 66, 71, 76 ad, 79a, 85, 87, 88be, 92b, 100, 103: Propaganda de época.
Página 34: Revista *Quatro Rodas*
Página 51: Revista *Autoesporte*

AGRADECIMENTOS

Deixamos aqui nossos sinceros agradecimentos a estas pessoas, que colaboraram de forma importante para este livro: Evandro Dádderio Fraga, Mario Martins, Delfim Gonçalves da Fonseca Junior, Marcos Roberto Bezzerra de Carvalho, Flávio Berton, Marco Barbato, William M. Bertochi, Fernando Sbardela, Fillipo Sbardela, Carlos Alberto Freire, Thiago Righi de Castro, Rubens Pacheco Bastos Filho, Kauê de Melo Ferreira, Rui Pacheco Bastos, Rubem Fonseca e Silva, Peterson Carlos de Aquino, Carlos Alberto Souza Romero, Eduardo Mizuno, Geraldo Majela Kallas Junior, Antonio Carlos Paulino, Marcus Resende Teixeira, Edson Casimiro e Fabrício Fieri.

Conheça os outros títulos da série:

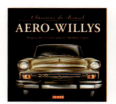 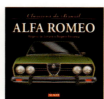  
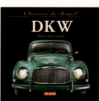 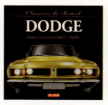  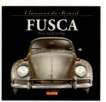
 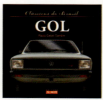 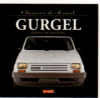 
 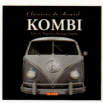 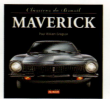